기독교문서선교회 (Christian Literature Center: 약칭 CLC)는 1941년 영국 콜체스터에서 켄 아담스에 의해 시작되었으며 국제 본부는 미국 필라델피아에 있습니다.
국제 CLC는 59개 나라에서 180개의 본부를 두고, 약 650여 명의 선교사들이 이동도서차량 40대를 이용하여 문서 보급에 힘쓰고 있으며 이메일 주문을 통해 130여 국으로 책을 공급하고 있습니다. 한국 CLC는 청교도적 복음주의 신학과 신앙서적을 출판하는 문서선교기관으로서, 한 영혼이라도 구원되길 소망하면서 주님이 오시는 그날까지 최선을 다할 것입니다.

순종

The School of Obedience
Written by Andrew Murray
Translated by Munhak Kim

All rights reserved.
Korean Edition Copyright © 2018 by Christian Literature Center, Seoul, Korea.

순종

2018년 7월 31일 초판 발행
2023년 7월 20일 초판 3쇄 발행

지은이　|　앤드류 머레이
옮긴이　|　김문학

편집　　|　정재원
디자인　|　박인미
펴낸곳　|　(사)기독교문서선교회
등록　　|　제16-25호(1980.1.18.)
주소　　|　서울특별시 동대문구 천호대로71길 39
전화　　|　02-586-8761~3(본사) 031-942-8761(영업부)
팩스　　|　02-523-0131(본사) 031-942-8763(영업부)
이메일　|　clckor@gmail.com
홈페이지 |　www.clcbook.com

ISBN 978-89-341-1845-9 (04230)
ISBN 978-89-341-1844-2 (세트)

이 도서의 국립중앙도서관 출판시 도서목록(CIP)은 서지정보유통지원시스템 홈페이지(http://seoji.nl.go.kr)와 국가자료공동목록시스템(http://www.nl.go.kr/kolisnet)에서 이용하실 수 있습니다. (CIP제어번호: CIP2018020894)

신저작권법에 의하여 한국 내에서 보호받는 저작물이므로
무단 전재와 무단 복제를 금합니다.

순 종

앤드류 머레이

CLC

목차

저자 서문　6

제1장　순종: 성경에서의 위치　8
제2장　그리스도의 순종　29
제3장　참된 순종의 비결　48
제4장　순종 생활에서 아침 경건의 시간　67
제5장　온전한 순종 생활로 들어감　84
제6장　믿음의 순종　101
제7장　순종의 학교　117
제8장　최후의 명령에 대한 순종　135

부록1　아침 경건의 시간의 중요성　150
부록2　인간의 질문과 하나님의 답변　156

역자 후기　160

저자 서문

오늘의 교회와 세계는 청년들의 순종과 헌신에 크게 의존하고 있다. 순종에 관한 이 강론은, 이러한 청년들을 세우고 건강하게 하는 데 사용됨으로서, 은혜를 주시는 하나님께 영광 돌리기를 간절히 기도하는 가운데 나오게 되었다. 하나님께서 이 책을 읽는 모든 독자들에게 복 주시기를 소망한다.

수련회나 저술 등 특별한 일상이 끝나고 난 다음에야 평범한 일상에서 흔히 접했던 일들이 얼마나 의미 있는 일인지 또는 중요한 것인지 비로소 깨닫기 시작하는 것 같다.

나 또한 마찬가지로 하늘에 계신 우리 아버지께 대한 참되고 온전한 순종 생활, 순종의 절대적인 필요성과 실제적인 가능성, 그로 인해 주어지는 엄청난 복들에 대해 잘 표현하지 못했던 것 같다.

그래서 특별히 생각하는 몇 가지 요점을 다음과 같이 간략하게 종합해 보고자 한다. 독자들은 이 요점을 본서 『순종』에서 배워야 할 주요 과목으로 삼기 바란다.

첫째, 하나님께서는 그의 자녀가 매일 그리고 온종일 전심으로 순종하기를 요구하시고, 요청하시며 실제로 기대하신다.

둘째, 하나님께서는 우리가 참으로 순종할 수 있도록 예수님과 성령을 통해 주어진 새 언약 가운데 풍성하고 충족한 섭리를 마련해 놓으셨다.

셋째, 이러한 섭리는 삼위일체 하나님과 지속적인 교제 가운데 자기 삶을 맡겨 드려 하나님의 임재와 능력이 그의 삶에 온종일 역사하시게 하는 사람에게만 적용된다.

넷째, 이러한 생활로 들어가는 데는 순간마다 하나님의 뜻에 일치하는 것과 그를 기쁘시게 하는 것만을 생각하고 말하며 행동하겠다는 절대적인 순종의 서약 또는 전인격적인 포기가 요구된다.

그러나 이것만으로는 충분하지 않다. 우리에게는 이러한 진리의 영광과 신령한 능력을 알게 해주시며, 하나님의 뜻을 즉각적이고 조건없이 받아들이기까지 절대로 쉬지 않으시는 성령의 도우심이 필요하다.

하나님께서 우리에 관한 그의 사랑과 전능하심을 성령의 빛으로 우리에게 보여주셔서 하늘의 비전에 순종하지 않을 수 없도록 함께 기도하자.

1898년 8월 9일 웰링턴에서

앤드류 머레이

제1장 순종: 성경에서의 위치

내가 네게 명령한 것이 아니냐 수 1:9

성경에 나오는 어떤 말이나 그리스도인의 생활에 관한 진리를 연구하려고 할 때는 우선 그것이 성경의 어디에 기록되어 있는지를 조사해 보는 것이 큰 도움이 된다. 우리가 그 말씀이 어디에 기록되어 있으며, 몇 번이나 나오고, 또 어떤 관계에 놓여 있는지를 알게 되면 그것이 성경 가운데 차지하고 있는 위치뿐만 아니라 그 상호관계의 중요성까지도 이해하게 될 것이다.

이 장에서는, 순종에 관한 하나님의 뜻을 알기 위해 성경의 어디를 보아야 할지를 제시함으로써 순종의 의미가 무엇인지를 배울 수 있는 길을 마련하고자 한다.

1. 성경 전체에서 순종의 위치

에덴 동산에서부터 시작해 보자. 우리는 창세기에서 "여호와 하나님이 그 사람에게 명하여 이르시되" 창 2:16 라는 말씀과 "내가 네게 먹지 말라 명한 그 나무 열매를 네가 먹었느냐" 창 3:11 라는 말씀을 읽을 수가 있다.

어떻게 그 명령에 대한 순종이 낙원에서의 유일한 덕행이 되며 인간이 그곳에 거주할 수 있는 유일한 조건이 되는지를 보자. 또 어떻게 그 명령에 대한 순종이 창조주의 유일한 소원이 되는지를 보자. 믿음이나 사랑 같은 것에 대해서는 아무 말씀이 없다. 왜냐하면 순종이 이 모든 것을 포함하기 때문이다.

이 순종에 대한 요구는 인간의 운명을 좌우하는 유일한 명령이었다. 이것은 하나님의 권위와 주장만큼이나 중요한 것이었다. 그러므로 순종은 인간의 삶에 있어서 가장 필요한 것이다.

이제 에덴 동산에서부터 성경의 마지막 부분으로 눈을 돌려보자. 여러분은 성경의 마지막 장인 요한계시록에서 "그 두루마기를 빠는 자들은(흠정역은 "그 계명을 행하는 자들은"이다) 복이 있으니 이는 그들이 생명나무에 나아가며"^{계 22:14}라는 말씀을 읽을 수 있다. 이러한 말씀은 12장과 14장에도 나온다. 여자의 남은 자손을 설명하며 "하나님의 계명을 지키며 예수의 증거를 가진 자들"^{계 12:17}이라고 기록하였고, 성도들의 인내에 관해 설명하면서 "그들은 하나님의 계명과 예수에 대한 믿음을 지키는 자니라"^{계 14:12}고 기록했다.

성경의 처음부터 마지막까지, 낙원의 상실에서부터 회복에 이르기까지 이 법칙은 변함이 없다. 생명나무와 하나님의 은혜로 나아갈 수 있는 길을 열어주는 것은 오직 순종뿐이다. 에덴 동산에서의 불순종은 생명나무로 가는 길을 막아버렸고 요한계시록에서의 순종은 다시 그 길을 회복케 했다. 만약 당신이 어떻게 불순종이 순종으로 변하게 되었는지를 묻는다면 이 처음과 마지막의 중간에 있는 그리스도의 십자가를 생각해 보아야 할 것이다. 로마서 5:19을 읽어보자.

> 한 사람이 순종하심으로
> 많은 사람이 의인이 되리라 롬 5:19

또한, 빌립보서 2:8~9을 읽어보자.

> …죽기까지 복종하셨으니…
> 이러므로 하나님이 그를 지극히 높여… 빌 2:8~9

그리고 히브리서 5:8~9도 읽어보자.

> 그가… 순종함을 배워서…
> 자기에게 순종하는 모든 자에게
> 영원한 구원의 근원이 되시고 히 5:8~9

여러분은 그리스도의 모든 구속 사역의 목적이 순종을 다시 회복하는 데 있었음을 볼 수 있을 것이다. 인간이 하나님께 그에 합당한 영광을 돌릴 수 있는 것은 오직 순종을 통해서이다. 하나님께서 인간이 참여하게 되기를 원하시는 그 영광도 오직 순종을 통해서만 얻을 수 있다.

주님께서는 인간을 이러한 순종으로 다시 회복시키

셨다. 구원의 아름다움이 바로 여기에 있다. 낙원, 갈보리, 천국, 이 모든 것들이 한결같은 목소리로 선언한다.

하나님의 자녀들이여, 하나님께서 당신에게 원하시는 제일 첫 번째의 소원도 그리고 마지막 소원도 오직 단순하고 보편적이며 변함없는 순종뿐이다.

2. 구약에서의 순종

구약성경에서 이 순종은 새로운 왕국이 시작될 때마다 항상 두드러진 현상으로 나타난다. 이에 대하여 한번 생각해 보자.

첫째, 인류의 새로운 선조인 노아를 생각해 보자.

우리는 창세기에 네 번이나 "노아가 여호와께서 자기에게 명하신 대로 다 준행하였더라"라는 말씀이 기록되어 있는 것을 볼 수 있다.

> 노아가 그와 같이 하여 하나님이
> 자기에게 명하신 대로 다 준행하였더라 창 6:22

노아가 여호와께서 자기에게 명하신 대로
다 준행하였더라 창 7:5
하나님이 노아에게 명하신 대로
암수 둘씩 노아에게 나아와 방주로 들어갔으며 창 7:9

들어간 것들은 모든 것의 암수라
하나님이 그에게 명하신 대로 들어가매 창 7:16

하나님께서 자신의 일을 맡기실 수 있는 사람은 곧 그의 명령에 순종하는 사람이다. 그리고 인간의 구원자로 쓰실 수 있는 사람도 역시 그의 명령에 순종하는 사람이다.

둘째, 택한 백성의 조상인 아브라함을 생각해 보자.
"믿음으로 아브라함은… 순종하여… ." 히 11:8 그가 이 믿음의 순종학교에 있은 지 사십 년이 되자 하나님께서는 그의 믿음을 완전케 하시려고, 또 그 믿음에 풍성한 축복으로 관 씌우시려고 그에게 찾아오셨다. 그가 이러한 축복을 받을 수 있었던 것은 오직 순종이라는 최고의 행위 때문이었다. 그가 이삭을 제단 위에 묶었을 때 하나님께서 그에게 찾아오셔서 말씀하셨다.

> 내가 나를 가리켜 맹세하노니…
> 내가 네게 큰 복을 주고 네 씨가 크게 번성하여…
> 또 네 씨로 말미암아 천하 만민이 복을 받으리니
> 이는 네가 나의 말을 준행하였음이니라 창 22:16~18

또 하나님께서는 이삭에게도 말씀하셨다.

> 내가 네 아버지 아브라함에게 맹세한 것을 이루어…
> 이는 아브라함이 내 말을 순종하고… 창 26:3~5

순종은 하나님이 보시기에 말로 다할 수 없는 즐거움이 된다. 그는 이 순종 위에 큰 상을 베풀어 주신다. 우리는 언제쯤 이러한 진리를 깨닫게 될 것인가! 우리가 세상에 복을 끼칠 방법은 하나님과 세상이 우리를 볼 때 우리의 뜻을 하나님의 뜻에 완전히 맡겨버린 것으로 알아줄 만큼 완전한 순종의 사람이 되는 것이다. 아브라함의 발자취를 따르겠다고 고백하는 사람은 모두 이처럼 행동해야 할 것이다.

셋째, 모세를 생각해 보자.

하나님께서는 시내 산에서 그에게 백성에 대한 말씀을 주셨다.

> 너희가 내 말을 잘 듣고…
> 너희는 모든 민족 중에서 내 소유가 되겠고 출 19:5

본질적인 문제에 있어서도 마찬가지이다. 하나님의 거룩하신 뜻은 곧 그의 영광이요 완전함이다. 하나님의 백성이 되는 것은 오직 순종을 통해 그의 뜻으로 들어감으로써 가능하다.

넷째, 하나님의 성소를 만들던 경우를 생각해 보자.

우리는 출애굽기의 마지막 세 장에서 "여호와께서 모세에게 명하신 대로 다 행하였더라"는 말씀이 부분적으로 또는 전체적으로 열아홉 번이나 반복된 것을 볼 수 있다. 이렇게 여호와께서 모세에게 명하신 대로 다 행한 후에야 "여호와의 영광이 성막에 충만" 출 40:34 하게 되었다.

이와 같이 레위기 8장과 9장에서도 제사장과 장막을 거룩하게 하는 일에 관하여 같은 표현이 열두 번이나 나오며, 명하신 대로 다 행한 후에야 "여호와의 영광이 온 백성에게 나타나며 불이 여호와 앞에서 나와 제단 위의 번제물과 기름을 살랐다." 레 9:23~24 그의 백성의 순종이 역사하는 곳에 하나님께서 거하기를 기뻐하신 것은 두말할 필요가 없다. 백성들이 순종하는 가운데서였다. 그리고 자신의 은혜와 임재하심의 관을 씌우신 것도 그들의 순종 때문이었다.

다섯째, 불순종의 대가로 광야에서 사십 년 동안 방황한 후에야 이스라엘은 가나안 땅으로 들어가게 되었다.

신명기에서 모세가 말한 것을 읽어보자. 우리는 신명기보다 "순종"이란 말을 더 자주 사용하는 성경을 찾아볼 수 없다. 또 신명기보다 순종이 그렇게 많은 축복을 가져다준다고 더 자주 말하는 성경도 찾아볼 수 없다. 신명기 전체를 이 한 구절로 요약할 수 있다.

> 내가 오늘 복과 저주를 너희 앞에 두나니
> 너희가 만일…들으면 복이 될 것이요
> 너희가 만일… 여호와의 명령을 듣지 아니하고
> 본래 알지 못하던 다른 신들을 따르면
> 저주를 받으리라 신 11:26~28

"너희가 만일 들으면(순종하면) 복이 될 것이요!"

그렇다. 이것이 축복받는 삶의 비결이다. 낙원이나 천국과 마찬가지로 가나안도 순종할 때에만 축복의 땅이 될 수가 있는 것이다. 우리도 이러한 축복을 받을 수 있다면 얼마나 좋을까!

그러나 축복만 달라고 기도하는 자세는 경계해야 한다. 오히려 순종에 관심을 가져라. 그러면 하나님께서도 축복을 생각하실 것이다.

'어떻게 하면 하나님께 완전히 순종할 수 있을까?'

바로 이것이 그리스도인의 사상이 되어야 한다.

여섯째, 이스라엘에서 왕이 임명되던 사건을 한번 생각해 보자.

사울의 이야기에서 우리는 하나님께서 백성의 지도자를 세우실 때에 무엇보다도 완전하고 전적인 순종이 필요함을 엄히 경계하신 것을 볼 수 있다. 사무엘은 사울에게 자신이 다시 돌아와 번제와 화목제를 드리고 또 그에게 행할 것을 가르칠 때까지 칠 일을 기다리라고 명령했다. 삼상 10:8 그러나 사무엘이 기한 내에 오지 않자 사울은 자신이 직접 번제와 화목제를 드렸다. 삼상 13:8~14

그때 사무엘이 도착하여 사울에게 말하였다.

> 왕이 왕의 하나님 여호와께서
> 왕에게 내리신 명령을 지키지 아니하였도다…
> 지금은 왕의 나라가 길지 못할 것이라
> 여호와께서 왕에게 명령하신 바를
> 왕이 지키지 아니하였으므로 삼상 13:13

하나님께서는 순종하지 않는 사람에게 영광을 주시지 않으신다.

사울에게 심중에 있는 것을 보여드릴 두 번째 기회가 주어졌다. 아말렉에 대한 하나님의 심판을 실행하도록 보내심을 받은 것이다. 그는 순종했다. 그래서 군사 이십만 명을 모으고 광야로 들어가 아말렉을 멸망시켰다. 그러나 하나님께서 "그들의 모든 소유를 남기지 말고 진멸하되…죽이라"삼상 15:3고 명하셨음에도 사울은 아각과 그 양과 소의 가장 좋은 것을 남겨두었다.

하나님께서는 사무엘에게 말씀하셨다.

> 내가 사울을 왕으로 세운 것을 후회하노니
> 그가… 내 명령을 행하지 아니하였음이니라 삼상 15:11

사무엘이 이르렀을 때 사울은 두 번이나 거듭 말하기를 "내가 여호와의 명령을 행하였나이다"삼상 15:13, "실로 여호와의 목소리를 청종하여"삼상 15:20라고 했다.

많은 사람들은 사울이 정말 순종한 것으로 생각할 것이다. 그러나 그의 순종은 온전하지 못했다. 하나님은 정확하고 온전한 순종을 원하신다. 하나님은 "모든 소유를 남기지 말고 진멸하라"고 말씀하셨다. 사울은 바로 그것을 행치 않은 것이다. 그는 여호와께 제사드리려고 양과 소의 가장 좋은 것을 남겼지만 사무엘은 그에게 말하였다.

순종이 제사보다 낫고…
왕이 여호와의 말씀을 버렸으므로
여호와께서도 왕을 버려
왕이 되지 못하게 하셨나이다 삼상 15:22~23

이것이 바로 부분적으로는 그렇게도 많이 하나님의 명령을 준행했으면서도 아직도 하나님의 요구하시는 순종은 하지 못한 슬픈 사례인 것이다. 하나님은 모든 죄와 불순종에 관하여 우리에게 말씀하시기를 "모든 것을 남기지 말고 다 진멸하라"고 명하신다.

과연 우리는 하나님을 철저하게 따라가고 있는가?

우리는 정말 하나님의 뜻에 맞지 않는 것이라면 무엇이든지 남기지 않고 다 진멸해 버리려고 애쓰고 있는가?

하나님께서 이것을 우리에게 깨닫게 해주시기를 바란다.

우리도 사울처럼 "나는 정말로 순종했습니다"라고 말할 때 "네가 여호와의 말씀을 버렸느니라"는 말씀을 듣지나 않을까?

이런 슬픔을 당하지 않으려면 적당히 신앙생활하는 것으로 만족해서는 결코 안 된다.

일곱째, 구약에서 한 가지만 더 생각해 보자.

신명기 다음으로 이 "순종"이란 말이 많이 나오는 곳은 주로 백성의 불순종을 탄식하고 있는 예레미야서이다. 하나님은 이스라엘의 열조와의 관계를 다음 말씀으로 요약하셨다.

> 사실은 내가 너희 조상들을
> 애굽 땅에서 인도하여 낸 날에
> 번제나 희생에 대하여 말하지 아니하며…
> 오직 내가 이것을 그들에게 명령하여 이르기를
> 너희는 내 목소리를 들으라
> 그리하면 나는 너희 하나님이 되겠고
> 너희는 내 백성이 되리라 렘 7:22~23

하나님께서 희생에 대하여 말씀하신 모든 것이 이 한 가지 사실, 즉 인간을 다시 순종으로 회복하게 한다는 사실에 종속되어 있다. 심지어 그의 독생자의 희생에 대한 말씀까지도 인간을 순종으로 회복시키는 것에 종속되어 있는 것이다.

이 사실을 깨닫게 되기를 바란다. "나는 너희 하나님이 되겠고"라는 놀라운 축복의 말씀으로 들어갈 수 있는 문은 오직 "내 목소리를 들으라"는 말씀밖에 없다.

3. 신약에서 순종의 위치

(1) 신약에서 "순종"이라고 하면 우리는 즉시 주님을 생각하게 된다. 그는 이 순종을 위해 세상에 오셨음을 두드러지게 나타내셨다. 그는 세상에 오실 때 "보시옵소서 내가 하나님의 뜻을 행하러 왔나이다" 히 10:9 라고 말씀하셨다. 그는 사람들에게도 "나는 나의 뜻대로 하려 하지 않고 나를 보내신 이의 뜻대로 하려 한다" 요 5:30 고 말씀하셨다.

주님은 자신이 행하신 것과 수난당하신 모든 것에 대해 "이 계명은 내 아버지에게서 받았노라" 요 10:18 라고 말씀하셨다. 심지어 그의 죽으심에 대해서까지도 그렇게 말씀하셨다. 우리가 주님의 가르침을 잘 살펴보면, 그의 제자가 되려는 사람들에게 그가 요구하신 것은 어느 말씀 가운데서나 항상 순종이었다는 것을 알 수 있을 것이다. 주님의 사역 전체를 통하여 처음부터 마지막까지 이 순종이 구원의 본질을 이루고 있다. 주님은 산상설교에서부터 이 순종에 대해 말씀하셨다.

> 나더러 주여 주여 하는 자마다
> 다 천국에 들어갈 것이 아니오
> 다만 하늘에 계신 내 아버지의 뜻대로
> 행하는 자라야 들어가리라 마 7:21

순종은 사랑에서 나오며 사랑으로 고무된다. 이 순종은 하나님의 사랑으로 들어갈 수 있는 길을 열어 주기도 한다. 주님은 그의 고별설교에서 이러한 순종의 영적 특성에 대해 잘 나타내 주신다.

다음의 말씀들을 깊이 생각해 보자.

> 너희가 나를 사랑하면 나의 계명을 지키리라
> 내가 내 아버지께 구하겠으니
> 그가 또 다른 보혜사를 너희에게 주사…
> 나의 계명을 지키는 자라야 나를 사랑하는 자니
> 나를 사랑하는 자는 내 아버지께 사랑을 받을 것이요
> 나도 그를 사랑하여 그에게 나를 나타내리라…
> 사람이 나를 사랑하면 내 말을 지키리니
> 내 아버지께서 그를 사랑하실 것이요
> 우리가 그에게 가서 거처를 그와 함께 하리라
>
> 요 14:15, 16, 21, 23

주님께서는 사랑하는 사람에게만 이 순종이 가능하다고 말씀하신다. 그리고 하나님께서 성령을 보내어 주시는 것과 그 놀라운 사랑을 내려주시는 것도 이 순종을 통해서만 가능하다고 말씀하신다.

주님은 이러한 가능성을 말씀하심으로써 순종을 지극히 영광스러운 위치로 높이셨다. 어떠한 말씀도 이보

다 더 분명하고 힘있게 표현할 수는 없을 것이다. 나는 사랑하는 마음에서 우러나는 순종의 능력이나 영적 생활에 관하여 이보다 더 높은 계시를 보지 못했다. 이러한 계시가 성령으로 말미암아 우리의 순종을 하늘의 영광으로써 거룩하게 하시기를 하나님께 간절히 구하자.

이상의 모든 진리들이 요한복음 15:10에서 어떻게 확증되고 있는지를 보자. 우리는 포도나무 가지의 비유를 너무나도 잘 알고 있다. 우리는 끊임없이 그리스도 안에 거할 수 있는 방법에 대하여 생각해 왔다. 그래서 더 많이 성경을 연구하고, 더 많이 기도하며, 더 오래 하나님과 교제해야 되겠다고 결심해 왔다.

그러나 우리는 예수님께서 "내가 아버지의 계명을 지켜 그의 사랑 안에 거하는 것 같이"라고 전제하신 후에 그렇게도 명백하게 가르쳐 주셨던 그 단순한 진리를 지금까지 간과해 왔던 것이다. 즉 "너희도 내 계명을 지키면 내 사랑 안에 거하리라"는 말씀이다.

우리들뿐만 아니라 예수님의 경우에 있어서도 마찬가지다. 그가 하나님의 사랑 안에 거할 수 있었던 유일한 방법은 오직 하나님의 계명들을 지키는 것이었다. 몇 가지 질문을 해 보겠다.

여러분은 이러한 진리를 알고 있었는가?

여러분은 이 진리를 믿고 있었는가?

여러분은 이 땅에서의 순종이 곧 하늘에서 하나님의

사랑 안에 거할 수 있는 비결이 된다는 것을 여러분의 경험을 통해 체험해 보았는가?

하늘에서 하나님이 우리를 전심으로 사랑해 주시는 것과 땅에서 우리가 그를 전심으로 순종하는 것이 동시에 일치되지 않는다면, 그리스도께서는 결코 자신을 우리에게 나타내 주실 수가 없다. 하나님께서 우리 속에 거하실 수도 없으며 또한 우리가 그의 사랑 안에 거할 수도 없다.

(2) 이제 사도들을 생각해 보자. 다음의 두 구절에서 우리는 베드로의 마음속에 주님의 가르침이 얼마나 깊이 새겨져 있었는지를 알 수 있다.

첫째, "하나님이 자기에게 순종하는 사람들에게 주신 성령도 그러하니라"^{행 5:32}는 말씀이다. 하나님 편에서 보실 때 오순절 성령강림을 위해 필요했던 조건은 그리스도에 대한 인간의 완전한 순종이었다. 베드로는 이 구절에서 이러한 사실을 잘 알고 있었음을 나타내 준다.

둘째, "사람보다 하나님께 순종하는 것이 마땅하니라"^{행 5:29}는 말씀이다. 이것은 인간 편에서의 소원을 보여준다. 우리는 죽기까지 순종해야 한다. 이 땅 위에 있는 그 무엇도 하나님께 자신을 바친 사람에게서 이 순종을 빼앗거나 방해할 수는 없다.

(3) 바울의 로마서를 보자. 그는 "모든 민족이 믿어 순종하게 하시려고" 롬 16:26; 1:5 부르심을 받았다고 했다. 그는 하나님이 "이방인들을 순종하게 하기 위하여" 롬 15:18 역사하신 것에 관해 말하고 있다. 그는 그리스도의 순종이 우리를 의롭게 하셨으니, 우리도 이 의에 대하여 순종의 종이 되어야 한다는 것을 가르쳐 주고 있다.

아담과 우리의 불순종 때문에 사망이 초래되었던 것처럼 주님과 우리의 순종은 하나님을 다시 찾고 그 은혜를 회복할 수 있는 동기가 된다.

(4) 우리는 사도 야고보가 "말씀을 듣기만 하지 말고 행하는 자가 되어야 한다" 약 1:22 고 경고한 것을 잘 알고 있다. 그리고 아브라함이 어떻게 의롭다 함을 받았으며 그 믿음이 어떻게 그의 행위로 말미암아 온전케 되었는지를 설명한 것도 잘 알고 있다.

(5) 베드로전서에서는 그 첫 장만 보아도 이 순종이 전체 구성에 있어서 어떠한 위치를 차지하고 있는지를 잘 알 수 있다. 베드로는 택하심을 입은 자들에게 "성령이

거룩하게 하심으로 순종함과 예수 그리스도의 피 뿌림을 얻기 위하여 택하심"^{벧전 1:2} 을 입었다고 말했다. 그는 우리들에게도 이 순종이 곧 하나님의 영원한 목적이요, 성령께서 역사하시는 목적이며, 그리스도의 구속사역의 주된 목적이라는 것을 잘 나타내고 있다.

또한 베드로는 "너희가 순종하는 자식처럼…거룩한 자가 되라"^{벧전 1:14~15}고 했다. 즉 순종에서 태어나 순종으로 특징지어지며 순종에 종속된 자처럼 거룩한 자가 되라는 말이다.

순종은 참된 거룩의 출발점이다. 우리는 "너희가 진리를 순종함으로 너희 영혼을 깨끗하게 하여"^{벧전 1:22}라는 말씀을 읽을 수가 있다. 하나님의 진리를 온전히 받아들인다는 것은 단순히 지적인 동의나 강한 감정만의 문제가 아니라 삶 전체를 하나님의 진리에 종속시키는 것이다. 신자의 생활이란 무엇보다도 순종하는 생활이다.

(6) 우리는 사도 요한이 그의 서신에서 이 순종에 대해 얼마나 강하게 설명하고 있는지를 볼 수가 있다. 그는 "그를 아노라 하고 그의 계명을 지키지 아니하는 자는 거짓말하는 자요"^{요일 2:4}라고 했다. 순종은 그리스도인의 성품에 대한 유일한 보증이다. 그는 또 요한일서 3:18~22에서 다음과 같이 말했다.

> 우리가 말과 혀로만 사랑하지 말고
> 행함과 진실함으로 하자 이로써…
> 또 우리 마음을 주 앞에서 굳세게 하리니…
> 무엇이든지 구하는 바를 그에게서 받나니
> 이는 우리가 그의 계명을 지키고
> 그 앞에서 기뻐하시는 것을 행함이라 요일 3:18~22

순종은 선한 양심의 비결이요, 하나님께서 우리를 들으신다는 담대함의 비결이다. 그는 또 "하나님을 사랑하는 것은 이것이니 우리가 그의 계명들을 지키는 것이라" 요일 5:3 고 했다. 그의 계명들을 지키는 순종은 마치 외투와도 같다. 즉 보이지 않고 가리어진 사랑이 이 안에서 그 모습을 드러내며 또한 이것으로 말미암아 그 사랑을 알아보게 되는 외투와도 같은 것이다.

순종은 성경에서나 하나님의 마음에서나 또 그 종들의 마음에서나 다 이와 같이 중요한 위치를 차지하고 있다. 그러나 우리는 어떠한가?

과연 내 마음과 내 생활 속에서도 순종이 이러한 위치를 차지하고 있는 것일까?

우리는 참으로 이 순종을 우리를 지배하는 최고의 권위로 생각해 왔으며, 또 참으로 하나님께서 이것을 통해 우리의 행동을 불러일으키시며 우리로 하여금 그에게 나아가게 하시는 최고의 권위로 삼아 왔는가?

모든 것을 감찰하시는 성령 앞에 우리 자신을 솔직히 비추어 볼 때, 우리는 이 순종을 생활 속에서 마땅한 그 위치에 두지 않았음을 깨닫게 될 것이다. 그리고 우리의 기도와 사역이 실패했던 것도 바로 이 순종이 결여되었기 때문이라는 것을 깨달을 수 있을 것이다. 우리가 하나님의 더욱 깊은 은혜와 또한 그 사랑과 임재하심으로 말미암는 넘치는 기쁨에 아직도 이르지 못하고 있는 것은 바로 하나님께서 신앙생활의 출발점이자 최후의 목표로 정하신 이 순종을 실천하지 않았기 때문이다.

이러한 사실을 명심하여 이 진리에 관한 하나님의 뜻을 충분히 깨닫게 되기를 간절히 소원하자. 순종이 우리의 모든 것을 주장하지 못할 때 우리의 신앙생활은 너무도 불완전해진다. 그러나 절대적인 순종에 자신을 온전히 바치면 불완전한 우리의 생활은 놀랍게 변화될 것이다.

예수님 안에 거하시는 하나님은 우리 안에서도 이렇게 변화된 생활을 하게 하실 수 있다. 성령께서 이러한 진리를 우리에게 보여주시도록 합심하여 기도하자.

제2장 그리스도의 순종

한 사람이 순종하심으로 많은 사람이 의인이 되리라 롬 5:19

순종의 종으로 의에 이르느니라 롬 6:16

"한 사람이 순종하심으로 많은 사람이 의인이 되리라."

이 말씀은 우리가 그리스도에게 어떤 빚을 지고 있는지를 잘 나타내 주고 있다. 우리는 아담 안에서 죄인 되었던 것같이 그리스도 안에서 의롭게 된다.

이 말씀은 또한 우리의 의가 그리스도의 무엇에 빚을 지고 있는지도 말해 준다. 아담의 불순종이 우리를 죄인으로 만든 것처럼 그리스도의 순종도 우리를 의인이 되게 하셨다. 그러므로 우리가 빚지고 있는 것은 바로 그리스도의 순종이다.

순종은 우리가 그리스도 안에서 상속받은 가장 귀한 보화 중의 하나이다. 이 진리를 알지 못함으로 말미암아 얼마나 많은 사람들이 순종하기를 싫어했던가!

그들은 순종하기 싫어했기 때문에 또한 그 넘치는 축복도 차지하지 못했던 것이다. 하나님께서 성령을 통하여 이 순종의 영광스러움을 알게 해주시며 우리로 이 순종의 능력에 참여하게 해주시기를 바란다.

여러분은 믿음으로 말미암아 의롭게 된다는 복된 진리를 알고 있을 것이다. 이에 대하여 바울은 로마서 3:21~5:11에서 몇 가지로 설명하였다.

첫째, 이 진리의 축복의 근거가 그리스도의 속죄에 있다는 것,

둘째, 이러한 축복을 받을 수 있는 방법과 조건은 경

건치 않은 자를 의롭다 하시는 하나님의 은혜를 믿는 것이라는 것,

셋째, 이러한 축복의 결과로 하나님의 은혜와 그 영광의 소망으로 즉시 나아가게 되며 동시에 그리스도의 의가 수여된다는 것 등이다.

그는 이러한 설명에 이어 이 장 서두의 말씀에 와서는 믿음으로 말미암아 그리스도와 연합하게 된다는 더욱 깊은 진리를 나타내고 있다. 믿음은 의롭다 하심을 얻을 수 있는 근거가 된다. 이 믿음은 하나님이 우리를 영접하시는 일을 가능케 한다.

바울은 아담의 사건으로 돌아가 우리가 그와 연합함으로 말미암아 어떠한 결과가 초래되었는지를 설명한다. 그렇게 함으로써 그는 믿음으로 그리스도를 영접하여 그와 연합하는 자들도 그리스도의 의와 생명에 동참하게 된다는 사실을 입증하고 있다.

바울은 이 논증에서 저주와 사망을 가져오게 한 아담의 불순종과, 의와 생명을 가져다준 그리스도의 순종을 비교하고 있다. 우리를 구원해 주신 주님의 구속사역에서 이 순종이 어떠한 위치를 차지하고 있었는지를 알게 될 때, 그리고 대속의 근거가 바로 주님의 순종에 있었다는 것을 알게 될 때 우리는 이 순종이 우리의 생활과 마음속에서도 마땅히 어떠한 위치에 있어야 할지를 짐

작할 수 있다.

> 한 사람이 순종하지 아니함으로
> 많은 사람이 죄인 된 것 같이 롬 5:19

어떻게 이런 일이 있을 수 있는가?

아담과 그의 자손들 사이에는 두 가지의 관계가 있는데, 하나는 법적인 관계요 다른 하나는 생명의 관계이다. 법적으로 모든 인간은 태어나기도 전에 이미 사형선고를 받았다.

> 그러나 아담으로부터 모세까지
> 아담의 범죄와 같은 죄를
> 짓지 아니한 자들까지도(어린아이들까지도)
> 사망이 왕 노릇 하였나니 롬 5:14

이 법적인 관계는 생명의 관계에서 비롯된다. 만약 그들이 아담 안에 있지 않았더라면(아담의 생명 안에 있지 않았더라면) 이 사형선고도(법적인 관계) 내려지지 않았을 것이다.

법적인 관계는 다시 생명의 관계로 나타난다. 그래서 아담의 모든 자녀들은 실제로 사망권세의 지배를 받는 생활로 들어가게 되는 것이다. "한 사람이 순종하지 아니함으로 많은 사람이 죄인"이 되었다고 했는데, 이 한 사람이나 많은 사람은 모두 다 신분상으로는 죄의 저주 아래(법적인 관계) 그리고 본질상으로는 죄의 권세 아래(생명의 관계) 놓여 있다.

"아담은 오실 자의 모형"롬 5:14이라는 말씀에서 이 "오실 자"는 둘째 아담 곧 인류의 둘째 조상이라 불리운다. 아담의 불순종이 우리에게 영향을 미친 것같이 그리스도의 순종도 우리에게 영향을 미친다. 누구든지 예수님을 믿게 되면, 그는 즉시 주님과 연합하게 되며 하나님의 보시기에 의로운 사람으로 인정받게 된다.

법적인 관계는 생명의 관계에서 비롯된다. 그리스도인이 그리스도의 의를 소유하기 위해서는(법적인 관계) 그리스도 자신을 소유해야 하며 그 안에 거해야만(생명의 관계) 한다. 물론 그가 처음 믿기 시작할 때는 그리스도 안에 거한다는 것이 무엇인지를 알지 못할 것이다. 그러나 적어도 죄사함 받은 것과 영접하심을 받은 것은 알 수 있을 것이다(법적인 관계).

이것을 안 다음에 그는 생명의 관계도 알게 될 것이다. 뿐만 아니라 그가 이전에 아담의 불순종에 완전히 가담함으로써 죄의 속성을 가지게 된 것처럼(또 사망을 당할 수밖에 없었던 것처럼) 이제 그리스도의 순종에 참여함으로 말미암아 의로움을 입게 되고 또 순종의 생명과 본성을 지니게 된다는 사실도 깨닫게 될 것이다.

아담의 불순종 때문에 우리 모두가 죄인되었다는 것을 깨닫자! 하나님이 에덴 동산에서 아담에게 요구하신 것은 오직 한 가지, 순종이었다. 피조물이 하나님을 영화롭게 할 수 있는 방법은 오직 순종뿐이며, 그 은혜와 축복을 누릴 수 있는 방법도 바로 이 순종이다. 죄가 세상에 들어와 이 세상을 파멸시킬 수 있었던 원동력은 순종하지 않는 것이었다.

우리에게 주어진 모든 죄의 저주는 바로 우리 속에 스며든 불순종에 기인한다. 우리 속에 역사하는 모든 죄의 힘도 결국은 우리가 아담으로부터 불순종의 본성을 이어받아 "불순종의 아들들"로 태어났다는 사실 외에 아무것도 아니다. 주님께서 꼭 이루셔야 하셨던 한 가지 일은 이 불순종을 제거하시는 것이었다. 즉 불순종의 사악한 본성과 그 역사와 지배를 제거하고, 이 불순종으로 말미암은 모든 저주를 제거하는 것이었다.

불순종이 모든 죄와 불행의 뿌리였다. 주님의 구속사업에 있어서 그 첫째 목표는 바로 이 사악한 뿌리를 잘라내어 버리고 인간으로 하여금 다시 그 본래의 섭리(하나님께 순종하는 생활)로 회복되게 하는 것이었다.

주님께서 이 일을 어떻게 이루셨는가?

그는 첫째 아담이 범했던 것을 다시 원상태로 돌리기 위해 둘째 아담으로 오셨다. 죄는 우리로 하여금 하나님을 알려는 것과 그 뜻을 행하려는 것을 하나의 수치로 생각하게 하였다. 그러나 주님은 이 순종의 고상함과 복됨과 거룩함을 보여주려고 오셨다.

하나님이 우리에게 피조물의 옷을 입혀 주셨을 때 우리는 이 옷의 아름다움이 하나님께 순종하는 데 있다는 것을 알지 못했다. 그러나 주님은 우리에게 찾아오셔서 직접 이 순종의 옷을 입으시고 우리에게 이 옷을 어떻게 입어야 할지를 보여주셨으며 또 이 순종을 통해 어떻게 하나님의 임재와 영광으로 들어가게 되는지를 보여주셨다.

주님께서는 승리하심으로써 우리의 불순종의 방향을 돌이키시려고 찾아오셨다. 주님은 자신이 직접 순종하심으로써 우리 속에 이 순종을 다시 회복시키려고 오신 것이다. 아담의 불순종이 인류에게 미친 영향력은 우주적이고 강력하며 만연하다. 그러나 주님의 순종이 미친 영향력은 그보다 더 우주적이고 더 강력하며 더 만연하다.

그리스도께서 순종의 생활을 하신 것에는 세 가지 목표가 있었다.

첫째, 하나의 모범으로서 우리에게 참된 순종이 무엇인지를 보여주시기 위함이었다.

둘째, 우리의 보증으로서 그가 순종하심으로 말미암아 우리를 위한 모든 의를 이루시려는 것이었다.

셋째, 우리의 머리로서 우리에게 나누어 줄 새로운 성품(순종)을 마련코자 하심이었다.

주님이 죽으신 것은 그의 순종이 과연 무엇인지를 우리에게 보여주기 위함이었다. 그의 순종이란 하나님을 위하여 죽기까지 복종할 준비가 되어 있음을 의미한다. 또 그것은 희생적인 고난을 의미하며 우리의 불순종의 죄를 대속하심을 의미한다. 그것은 주님 자신과 우리가 하나님의 생명으로 들어갈 수 있도록 죄에 대하여 죽으심을 의미한다.

모든 면에서 아담의 불순종은 물러가고 그리스도의 순종이 그것을 대신해야 했다. 우리는 순종으로 말미암아 법적으로 의롭게 된다. 아담의 불순종 때문에 우리가 죄인 된 것같이 그리스도의 순종으로 인하여 우리는 즉시 의롭다 함을 얻게 되며, 죄와 사망의 권세에서 해방되고 하나님 앞에 의로운 사람들로 서게 되는 것이다.

생명의 관계에 있어서 우리는 그리스도의 죽으심과 부활에 함께 동참하게 되어, 죄에 대하여는 죽고 하나님에 대하여는 산 자가 된다(아담의 경우에 법적인 관계와 생명의 관계가 분리될 수 없는 것처럼). 그러므로 우리가 예수님 안에서 받은 생명life은 순종의 삶life 외에 다른 것이 아니다.

누구든지 순종이 무엇인지를 참으로 알기 원한다면 그는 그리스도 안에서 발견할 수 있는 의와 구원의 비결이 곧 순종이라는 이 사실을 명심하기 바란다. 이 순종이 바로 의와 구원의 본질이다. 우리는 무엇보다도 순종을 먼저 받아들이고 신뢰하며 기뻐해야 한다.

이러한 순종은 우리의 불순종을 삼켜버리고 소멸시키며 끝나게 하는 것으로서 결코 변할 수도 없고 소홀히 생각할 수도 없는 영역인 것이다. 아담의 불순종이 한때 나의 삶을 지배하는 힘이 되었으며 또한 내 속에서 사망 권세가 되었던 것같이 주님의 순종도 내 속에서 새로운 본성의 능력이 된다.

이제 우리는 바울이 왜 다음의 두 구절에서 의와 생명을 그렇게도 밀접하게 연관시키고 있는지를 깨달을 수 있을 것이다.

> 한 사람의 범죄로 말미암아
> 사망이 그 한 사람을 통하여 왕 노릇 하였은즉
> 더욱 은혜와 의의 선물을 넘치게 받는 자들은
> 한 분 예수 그리스도를 통하여 생명 안에서
> 왕 노릇(이 땅에서도) 하리로다 롬 5:17

> 많은 사람이 의롭다 하심을 받아
> 생명에 이르렀느니라 롬 5:18

우리가 첫째 아담과 둘째 아담의 유사성을 더욱 상세히 연구하면 할수록, 그리고 아담의 경우에 어떻게 그의 불순종과 사망이 자신뿐 아니라 그의 자손들에게까지 영향을 미쳤으며 또 어떻게 이 둘이 연합하여 똑같은 죄를 범한 결과가 되었는지에 대해 알면 알수록 그리스도의 순종도 우리의 순종이 될 수 있다는 확신을 더욱 강하게 가지게 된다.

주님과 순종은 절대로 분리될 수가 없다. 따라서 주님과 그 생명을 받아들인다는 것은 곧 그의 순종을 받아들이는 것이다. 하나님이 값없이 주시는 은혜를 우리가 얻게 될 때 이 의는 곧 순종을 가리키는 것이다. 왜냐하면 의와 순종은 떨어질 수 없는 관계에 놓여 있기 때문이다. 의는 순종에서 나왔으며 순종 안에서만 존재할 수 있고 순종 안에서만 풍성해질 수 있다.

로마서 6장에서 이러한 관계가 어떻게 나타나는지를 보자. 바울은 우리의 생명이 그리스도와 연합하는 것에 대해 설명한 후 로마서에서는 처음으로 명령하고 있다.

> 그러므로 너희는 죄가… 지배하지 못하게 하여…
> 너희 지체를 의의 무기로 하나님께 드리라 롬 6:12~13

그는 이 말씀을 하고 난 다음 이것이 다름 아닌 순종을 의미하는지를 설명한다.

너희 자신을 종으로 내주어 누구에게 순종하든지

그 순종함을 받는 자의 종이 되는 줄을

너희가 알지 못하느냐

혹은 죄의 종으로 사망에 이르고

혹은 순종의 종으로 의에 이르느니라 롬 6:16

여러분과 순종의 관계는 실제적이다. 여러분은 불순종(아담과 당신 자신의 불순종)에서 해방되었고, 이제는 순종의 종이 되어 의에 이르게 된 것이다. 그리스도의 순종은 의에 이르는 것, 즉 하나님께서 여러분에게 선물로 주신 바로 그 의에 이르는 것이었다.

따라서 의에 이르는 순종은 단지 주님의 순종의 연속일 뿐이다. 머리에 있어서나 지체에 있어서나 법칙은 오직 한 가지이다. 아담과 그 후손들에게 불순종과 사망이 필연적이었던 것같이 그리스도와 그 후손들에게도 순종과 생명은 필연적인 것이다.

불순종은 아담과 그 후손들이 연합했다는 증거이며 양자가 서로 닮았다는 표시이다. 이와 같이 순종도 그리스도와 그 후손들이 연합했다는 증거가 되며 이 양자가 닮았다는 표시가 된다.

그리스도를 하나님의 사랑의 대상이 되게 한 것은 바로 순종이었다. 요 10:17~18 그리스도를 우리의 대속자가 되게 한 것도 이 순종이었다. 오직 순종만이 그 사랑 안에 거할 수 있는 길을 열어주며(요 14:21, 23) 그 대속을 누릴 수 있는 길로 인도해 준다.

> 한 사람이 순종하심으로
> 많은 사람이 의인이 되리라 롬 5:19

순종은 의를 온전히 향유하는 생활로 들어가는 문이며 길이다. 모든 것이 바로 이러한 순종을 알고 참여하는 데 있다. 우리가 회심할 때 비록 순종에 대해 아는 바가 별로 없거나 전혀 모른다 해도 믿음으로 말미암아 우리에게 완전한 의가 단번에 그리고 영원히 주어진다.

그러나 우리가 나아가, 참으로 이 의를 믿고 따르며 또 이 의가 "의의 종들"인 우리를 온전히 지배하게 될 때에는 이 의의 본질이 무엇인지도 알게 될 것이다. 그리고 우리가 성령의 능력 안에서 그리스도의 의를 더욱 진실하게 붙들면 붙들수록 순종에 동참하려는 욕망도 더욱 간절해질 것이다.

우리도 그리스도처럼 의에 이르는 순종의 종들로 살아가기 위해서는 그의 순종이 어떠함을 배워야 한다.

첫째, 주님께 있어서 순종은 하나의 생활원리였다.

주님께 있어서 순종은 때때로 행하는 어떤 단순한 순종의 행동만을 의미하는 것이 아니라 그의 생활 전체의 정신적 태도를 의미한다.

> 내가 하늘에서 내려온 것은
> 내 뜻을 행하려 함이 아니요 요 6:38

> 보시옵소서
> 내가 하나님의 뜻을 행하러 왔나이다 히 10:9

주님께서는 오직 하나님의 뜻만을 나타내시며 사셨다. 그의 생애를 지배했던 최고의 영향력은 순종이었다. 주님께서는 우리도 이와 같이 되기를 원하신다. 이것이 바로 그가 "누구든지 하늘에 계신 내 아버지의 뜻대로 하는 자가 내 형제요 자매요 어머니이니라" 마 12:50 고 말씀하실 때 약속하신 것이었다.

한 가정에서 가족들끼리 깊은 유대관계를 맺게 되는 것은 모두가 똑같은 공동생활을 하기 때문이다. 이와 같이 주님과 우리의 연합도 우리가 주님과 같이 하나님의 뜻을 행함으로써만 가능한 것이다.

둘째, 주님께 있어서 순종은 하나의 기쁨이었다.

> 나의 하나님이여
> 내가 주의 뜻 행하기를 즐기오니 시 40:8

> 나의 양식은 나를 보내신 이의 뜻을 행하며
> 그의 일을 온전히 이루는 이것이니라 요 4:34

우리가 먹는 음식은 우리의 원기를 돋우며 힘이 나게 한다. 그래서 건강한 사람은 즐거운 마음으로 음식을 먹는다. 그러나 이 음식은 즐거움을 주는 것 이상의 의미를 갖고 있다. 이것은 생명을 유지하는 데 반드시 필요한 것이다.

이와 마찬가지로 하나님의 뜻을 행하는 것은 곧 그리스도께서 갈망했던 양식이었다. 그는 순종 없이는 살 수가 없었다. 순종만이 그의 굶주림을 만족시켜 줄 수 있었다. 오직 순종만이 그리스도를 강하게 할 수 있었고, 오직 순종만이 그를 기쁘게 할 수 있었으며, 오직 순종만이 그의 힘을 새롭게 할 수가 있었다.

다윗이 하나님의 말씀에 대하여 "꿀과 송이꿀보다 더 달도다" 시 19:10 라고 한 것도 바로 이와 같은 양식을 의미하는 것이다. 이러한 사실을 알고 인정할 때 이 순종은 우리에게 더욱 당연하고 필요한 것이 될 것이다. 그리고 매일의 음식 이상으로 우리의 원기를 돋우는 것이 될 것이다.

셋째, 주님께 있어서 이 순종은 하나님의 뜻을 기다리는 것이었다.

하나님께서는 그리스도에게 자신의 모든 뜻을 단번에 다 계시해 주시지 않으시고 매일매일 그 상황을 따라 계시해 주셨다. 주님의 순종하는 삶에는 성장과 발전의 과정이 있었다. 가장 배우기 어려운 수업은 최후의 순종이었다. 그는 새롭게 순종함으로써 아버지의 또 다른 계명을 발견하셨다.

> 주께서 내 귀를 통하여 내게 들려 주시기를…
> 나의 하나님이여 내가 주의 뜻 행하기를 즐기오니… 시 40:6, 8

하나님의 성령으로 말미암아 우리의 귀가 열려 그의 가르쳐 주심을 기다리게 되는 것은 우리가 생활 속에서 순종하기를 열망할 때이다. 그리고 우리를 향하신 그의 거룩하신 뜻으로 인도해 주심을 만족스럽게 생각하게 되는 것도 우리가 순종하기를 열망할 때이다.

넷째, 주님께 있어서 이 순종은 죽기까지 순종하는 것이었다.

주님께서 "내가 하늘에서 내려온 것은 내 뜻을 행하려 함이 아니요 나를 보내신 이의 뜻을 행하려 함이니라." 요 6:38~39 라고 하셨을 때, 그는 자신의 뜻을 완전히 부정하고 하나님의 뜻만을 행할 준비가 되었던 것이다. 이 말씀은 곧 "내 뜻대로는 아무것도 하지 않고 어떤 희생을 치르더라도 하나님의 뜻대로만 한다"는 뜻이다.

주님께서 우리에게 요청하시며 행할 능력까지 주시는 순종은 바로 이러한 의미의 순종이다. 이처럼 모든 일에 온 마음을 다 바쳐 순종하는 것만이 참된 순종이며 우리를 지탱시켜 주는 능력이 된다. 오직 이러한 순종만이 우리의 영혼에 힘과 기쁨을 가져다준다는 것을 모든 그리스도인들이 깨닫게 되기를 바란다.

우리가 모든 일에 순종하는 것에 대해 의심을 가지는 한, 그리고 그로 인해 오히려 실패할지도 모른다는 생각을 가지는 한, 승리에 대한 확신은 가질 수 없을 것이다. 그러나 우리가 실제로 하나님께 온전히 순종하기를 사모하여 그를 우리 앞에 모시게 된다면, 또 우리 자신을 그에게 드릴 만하다는 것을 알게 된다면 그의 신령한 역사(성령을 통해 우리의 전생애를 다스리시는 역사)에 우리 자신을 온전히 맡길 수 있을 것이다.

다섯째, 순종은 주님의 겸손에서 나온 것이다.

> 너희 안에 이 마음을 품으라
> 곧 그리스도 예수의 마음이니
> 그는… 자기를 비워 종의 형체를 가지사
> 사람들과 같이 되셨고 사람의 모양으로 나타나사
> 자기를 낮추시고 죽기까지 복종하셨으니 빌 2:5~8

주님의 순종이 천국에서 얼마나 아름다운지를 깨닫게 될 사람은 누구인가? 또 그 구속의 능력이 어떤 것인지를 깨닫게 될 사람은 누구인가?

그는 바로 자기를 비워 순종의 종이 되기를 원하며, 순종의 종으로 살아가기를 원하고, 또 하나님 앞에서 자신을 지극히 낮추기를 원하는 사람이다. 물론 그 사람 속에 자신을 의뢰하려는 강한 의지가 있어 이 순종하고자 하는 의지와 싸울 것이다. 그러나 그 의지가 순종을 이기지는 못한다.

우리가 하나님께 복종하는 것이 곧 피조물의 유일한 의무요 축복임을 깨닫게 되는 것은 언제인가?

그것은 바로 우리가 겸손과 온유와 인내 가운데서 하나님 앞에 낮아질 때이며, 그의 뜻에 자신을 완전히 내어맡기고 그 앞에 엎드릴(우리의 전적인 무능으로 인해) 때이다. 또한 우리 자신으로부터 돌이켜 하나님만 의지할 때이다.

여섯째, 주님의 순종은 하나님의 능력을 완전히 의지하는 믿음에서 나온 것이었다.

> 내가 아무 것도 스스로 할 수 없노라 요 5:30
> 내가 너희에게 이르는 말은 스스로 하는 것이 아니라
> 아버지께서 내 안에 계셔서

그의 일을 하시는 것이라 요 14:10

주님께서 완전히 아버지의 뜻에만 의존하신 것은 아버지께서 그에게 계속 능력을 내려주셨기 때문이다. 이는 우리들에게도 마찬가지이다. 우리가 만일 우리의 뜻을 하나님께 맡기는 것이 곧 주님께서 우리 속에 능력을 부어주실 수 있는 방법이 됨을 배우게 된다면 우리는 그에게 온전히 순종하는 그 자체가 바로 온전한 믿음(하나님께서 역사해 주실 것이라는 믿음)이라는 것을 알게 될 것이다. 다음의 말씀에 새 언약에 대한 하나님의 모든 약속이 요약되어 있다.

> 네 하나님 여호와께서
> 네 마음과 네 자손의 마음에 할례를 베푸사
> 너로 마음을 다하며 뜻을 다하여
> 네 하나님 여호와를 사랑하게 하사…
> 너는 돌아와 다시 여호와의 말씀을 청종하고 신 30:6~8

> 또 내 영을 너희 속에 두어
> 너희로 내 율례를 행하게 하리니
> 너희가 내 규례를 지켜 행할지라 겔 36:27

우리도 주님처럼 하나님께서 우리 속에서 역사하신다는

사실을 믿자. 그리하면 온전히 순종하는 생활, 즉 죽기까지 순종하는 생활에 전념할 수 있는 담대함을 얻게 될 것이다. 우리가 하나님께 순종한다는 것은 곧 주께서 아버지의 능력을 믿었기에 그 뜻대로만 행하실 수 있었던 바로 그 생활에 우리도 동참하는 것을 말한다. 하나님께 우리의 모든 것을 다 드리자. 그리하면 하나님께서도 우리 속에서 그의 모든 것으로 역사하실 것이다.

여러분은 한 사람의 순종하심으로 의롭게 되어 그와 같이 되었다는 사실을 알지 못하는가? 여러분은 한 사람의 순종하심으로 그 안에서 의에 이르는 순종의 종이 되었다는 사실을 알지 못하는가? 많은 사람들의 순종은 한 사람의 순종하심에 그 근거와 생명과 보증을 가지는 것이다.

이제 우리는 전과 달리 순종하신 자로서의 그리스도를 주목하고 배우며 믿자. 그리고 이러한 주님을 우리가 영접하며 사랑하며 힘써 닮아야 할 모본으로 삼자. 주님의 의가 우리의 유일한 소망인 것처럼 그의 순종을 실천하는 것이 또한 우리의 유일한 갈망이 되게 하자. 이러한 그리스도(순종하신 자)를 우리 속에 내주하시는 분으로 받아들임으로 하나님의 초자연적인 능력이 나타나게 함으로써 그에 대한 우리 믿음의 진실함과 담대함을 드러내자.

제3장 참된 순종의 비결

그가 아들이시면서도 받으신 고난으로 순종함을 배워서 ^{히 5:8}

참된 순종의 비결은 하나님과 개인적으로 밀접한 관계를 맺는 데 있다. 우리가 하나님과 교제하는 생활로 나아가기까지는 온전히 순종하는 생활을 할 수 없다. 우리를 하나님에 대한 불순종으로부터 지켜주는 것은 오직 우리 속에 계속 내주하시는 하나님의 임재하심뿐이다.

불완전한 순종은 항상 불완전한 생활에서 비롯된다. 이러한 불완전한 생활을 논증과 설득을 통해 일깨워야 할 필요가 있다. 그러나 이 논증과 설득은 새로운 생활(하나님의 능력 아래 있음으로써 자연히 완전한 순종을 하게 되는 생활)의 필요성을 느끼게 하는 것이어야 한다. 하나님과의 교제가 일정치 않거나 끊어져 버린 생활이 치료되어, 먼저 온전하고 건강한 생활로 들어가야만 하는 것이다. 그렇게 될 때 비로소 온전한 순종도 가능하게 된다. 온전한 순종의 비결은 하나님과 계속 밀접하게 교제하는 것이다.

그가… 순종함을 배워서 히 5:8

왜 이 일이 필요했던가?

이로 말미암아 우리에게 주시는 유익은 무엇인가?

이 말씀을 잘 들어보자.

> 그가 아들이시면서도 받으신 고난으로
> 순종함을 배워서 온전하게 되셨은즉
> 자기에게 순종하는 모든 자에게
> 영원한 구원의 근원이 되시고 ^{히 5:8~9}

우리는 고난을 싫어한다. 따라서 이 고난은 우리가 우리의 의지를 복종시킬 것을 요구한다.

주님께서 순종을 배우시는 데는 고난이 필요했다. 어떠한 대가를 치뤄서라도 자신의 뜻을 하나님께 온전히 맡기는 것을 배우시기 위해 고난이 필요했던 것이다. 그는 우리의 대제사장으로서 완전케 되기 위해 순종을 배워야 할 필요가 있었다.

그는 순종을 배우되 우리의 구원의 근원이 되시려고 죽기까지 순종하셨다. 그는 "자기에게 순종하는" 자들을 구원하시기 위해 자신이 직접 순종하심으로써 구원의 근원이 되신 것이다. 주님께서는 구원을 나누어 주시기 위해 순종해야만 했다.

마찬가지로 우리가 구원을 얻는 데도 순종이 절대적으로 필요하다. 구원의 본질은 바로 하나님께 대한 순종이다. 순종하신 그리스도는 순종하는 우리를 구원하신다. 주님의 지상에서의 고난 속에서나 하늘의 영광 속에서나, 그 자신 속에서나 우리 속에서나 순종은 그리스도의 마음이 자리를 잡는 곳이다.

주님께서는 이 땅에 계시는 동안 순종을 배우는 자였다. 그리고 지금은 하늘에서 이 땅에 거하는 제자들에게 순종을 가르치신다. 불순종이 왕노릇하여 사망케 하는 이 세상에서 순종이 회복될 수 있는 것은 그리스도의 손에 달려 있다. 그는 자신의 삶에서와 마찬가지로 우리들 속에서도 이 순종이 계속되게 하신다. 그는 우리 속에서 순종을 가르치시며 순종하게 하신다.

주님께서 무엇을 그리고 어떻게 가르치시는지를 생각해 보자. 우리는 이 순종의 학교에서 얼마나 학생이 되는 데 인색했던가! 일반적인 학교를 생각해 보면 흔히 주장하는 세 가지 원리적인 것들이 있다.

첫째, 가르치는 자이다.
둘째, 교과서이다.
셋째, 배우는 자이다.

그렇다면 순종의 학교에서 이 세 가지가 과연 무엇을 의미하는지를 살펴보자.

1. 가르치는 자

"그가… 순종을 배워서."

주님께서는 순종을 가르치실 때 무엇보다도 먼저 자신의 순종(아버지에 대한)의 비결부터 드러내신다. 참된 순종의 능력은 하나님과의 친밀한 인격적 관계 속에서만 발견될 수 있다고 앞에서 말했다. 이것은 그리스도에게 있어서도 마찬가지였다. 주님은 자신의 모든 가르침에 대하여 이렇게 말씀하셨다.

> 내가 내 자의로 말한 것이 아니요
> 나를 보내신 아버지께서
> 나의 말할 것과 이를 것을 친히 명령하여 주셨으니
> 나는 그의 명령이 영생인 줄 아노라
> 그러므로 내가 이르는 것은
> 내 아버지께서 내게 말씀하신 그대로니라 요 12:49~50

이 말씀은 그리스도께서 세상에 들어오실 때 영원 속에서 모든 명령을 한꺼번에 다 받으셨다는 뜻이 아니다. 오히려 주님은 가르치시며 행하시던 순간마다 매일 명령을 받으신 것이다. 그는 인간처럼 사시면서 하나님과 끊임없이 교제했고 필요할 때마다 아버지의 가르치심을 받았다.

주님께서는 다음과 같이 말씀하셨다.

> 내가 진실로 진실로 너희에게 이르노니
> 아들이 아버지께서 하시는 일을 보지 않고는
> 아무 것도 스스로 할 수 없나니…
> 아버지께서 아들을 사랑하사
> 자기의 행하시는 것을 다 아들에게 보이시고
> 또 그보다 더 큰 일을 보이사 요 5:19~20

> 내가… 듣는 대로 심판하노니 요 5:30

> 이는 내가 혼자 있는 것이 아니요
> 나를 보내신 이가 나와 함께 계심이라 요 8:16

> 내가 너희에게 이르는 말이 스스로 하는 것이 아니라
> 아버지께서 내 안에 계셔 그의 일을 하시는 것이라 요 14:10

하나님께서 말씀하시며 행하시며 보여주시는 것을 듣고 보는 것은 어디에서나 다 현재 하나님과 교제하는 생활에서 비롯된다.

주님께서는 자신과 하나님과의 관계를 항상 자신과 우리와의 관계, 그리고 자신을 통한 하나님과 우리와의 관계에 대한 모형과 약속으로 말씀하셨다. 주님과 마찬

가지로 우리들도 계속적인 교제와 계속적인 가르치심이 없이는 계속적으로 순종하는 생활이 불가능하다.

모든 생각이 그리스도의 순종에 사로잡힌 바 된 생활을 할 수 있으려면 하나님이 우리의 생활 속에 계속 찾아오셔야 한다. 또한 주님께서 이러한 사실을 받아들이셨던 것처럼 우리도 영원히 존재하시는 하나님의 임재를 믿고 인정할 때만 가능하다. 예레미야 7:23에는 우리가 하나님께로부터 계속 가르치심과 명령을 받아야 할 절대적인 필요성이 나타나 있다.

> 너희는 내 목소리를 들으라(순종하라)
> 그리하면 나는 너희 하나님이 되겠고 렘 7:23

성경에서 "율법에 순종하라"는 표현은 매우 드물다. 거의 다 "내게 순종하라" 또는 "내 목소리를 청종하라(들으라)"이다. 목소리를 청종하는 것은 군의 지휘관에게나 학교의 교사에게나 한 가정의 가장에게 있어서나 순종을 확보하는 어떤 법령이 아니다. 이것은 오히려 사랑과 열심을 일깨우는 산 영향력이다. 이것은 또한 하나님의 음성(참된 순종의 힘과 기쁨을 가져다주는 음성)을 항상 듣는 것을 말한다. 이 음성은 순종할 수 있는 능력을 주시는 음성이다. 산 음성이 없는 말씀은 아무 소용이 없다.

우리는 이스라엘 백성에게서 그 좋은 예를 볼 수 있을 것이다. 이스라엘 백성들은 시내산에서 하나님의 음성을 듣고 두려워했다. 그들은 하나님께서 더 이상 그들에게 직접 말씀하시지 않기를 모세에게 구했다. 그래서 모세가 하나님의 말씀을 받아서 백성들에게 전해 주었던 것이다.

백성들은 단지 율법만을 생각했다. 그들은 순종할 수 있는 힘이 오직 하나님의 임재하심과 들려주시는 그 음성 가운데 있다는 것을 알지 못했다. 이처럼 그들은 하나님과 직접 만나기를 두려워했을 뿐만 아니라 모세와 두 돌비를 통해서만 말씀을 들음으로써 그들의 역사는 불순종의 역사가 되어버리고 말았다.

이런 일은 오늘날에도 계속되고 있다. 오늘날 많은 그리스도인들은 하나님께로부터 직접 가르침을 받기 위해 그를 기다리는 것보다, 힘들이지 않고 편안하게 그들 주위의 경건한 자들로부터 그 가르침을 발견하려고 한다. 이런 사람들의 믿음은 사람의 지혜에 있지 하나님의 능력에 있다고는 할 수 없다.

주님께서는 매 순간마다 하나님을 보고 듣기 위해 기다리심으로써 순종을 배우셨다. 주님께서 가르쳐 주신 이 위대한 교훈을 우리도 배우자. 우리가 하나님께서 요구하시는 그러한 순종을 바칠 수 있는 방법은 오직 우리가 주님처럼, 주님 안에서, 주님과 함께, 주님을 통해서 늘 하나님과 동행하는 생활을 하는 것뿐이다.

   주님께서는 자신이 직접 이러한 삶을 살고 깊이 체험해 보셨으므로 우리들에게도 이러한 진리를 보여주시며 가르쳐 주실 수가 있으시다. 이 능력(주님에게도 필요했던 능력)을 힘입지 않고서도 순종할 수 있다고 생각했던 우리의 어리석음을 하나님께서 깨닫게 해주시기를 간절히 기도하자.

   주님은 온종일 하나님의 함께 하심으로 말미암아 기쁨을 누리셨다. 우리도 이와 같은 기쁨을 누리기 위해 하나님께 모든 것을 다 맡기기를 소원하게 되도록 간절히 기도하자.

2. 교과서

그리스도께서 하나님과 직접 교제하셨다는 것은 그가 성경과 독립되어 있었다는 말이 아니다. 신령한 순종의 학교에서는 나이가 많은 사람에게나 어린아이에게나 교과서는 한 가지뿐이다. 주님은 순종을 배우실 때에 우리와 똑같은 교과서를 사용하셨다. 그는 남을 가르치거나 확신시켜 줄 때에만 성경말씀에 호소하신 것이 아니다. 그는 자신의 삶과 지침을 위해서도 이 성경을 필요로 했으며 활용하셨다.

그리스도는 공생애의 처음부터 마지막까지 하나님의 말씀으로 사셨다. "기록되었으되"마 4:4, 7, 10라는 말씀은 그가 마귀를 정복할 때 사용하셨던 성령의 검이었다. 그가 복음전파를 시작하실 것을 인식하게 된 것도 "주의 성령이 내게 임하셨으니"눅 4:18라는 말씀에 의해서였다. 그로 하여금 모든 고난을 인정하게 하고 자신을 죽는 데까지 내어줄 수 있게 했던 것도 "이는 성경을 응하게 함이니이다"요 17:12라는 말씀이었다. 주님께서는 부활하신 후에도 "모든 성경에 쓴 바 자기에 관한 것"눅 24:27을 제자에게 말씀해 주셨던 것이다.

주님께서는 성경 속에서 하나님의 계획을 발견했으며 성경 속에서 하나님이 자신을 위해 작정해 두신 길을 발견하셨다. 그는 이 말씀을 이루기 위해 자신을 드렸다. 그는 말씀 안에서 그리고 말씀을 사용하심으로써 아버지의 직접적인 가르침을 계속 받으실 수 있으셨다.

순종의 학교에서는 오직 성경만이 유일한 교과서이다. 이는 우리에 대한 하나님의 뜻이 무엇인지를 발견하고 실천하기 위해서는 항상 성경으로 돌아가야 한다는 것을 보여주는 것이다. 성경은 우리의 지식만을 증가시키기 위해 기록된 것이 아니라 오직 하나님의 사람으로 온전케 하며 모든 선한 일을 행하기에 온전케 하려고 기록되었다.딤후 3:17

> 사람이 하나님의 뜻을 행하려 하면
> 이 교훈이 하나님께로부터 왔는지
> 내가 스스로 말함인지 알리라 요 7:17

주님께서는 성경에 있는 모든 하나님의 계시와 사랑과 계획이 다 하나님의 위대하신 목적 — 하나님의 사람으로 하여금 그의 뜻을 행하기에 합당하게 하며(하늘에서와 같이) 온전한 순종으로 회복되게 하는 것 — 을 이루는 데 보조적인 역할을 하는 것으로 생각하셨다. 우리도 주님으로부터 이러한 사상을 본받자.

순종의 학교에서는 하나님의 말씀이 유일한 교과서이다. 주님은 이 말씀을 그의 생활과 행동에 적용시키기 위해 그리고 부분적인 말씀들이 각각 어떤 때 적용되는지를 알기 위해 신령한 가르침을 받아야 할 필요가 있었다. 이사야서에서 "주 여호와께서 학자들의 혀를 내게 주사 나로 곤고한 자를 말로 어떻게 도와 줄 줄을 알게 하시고 아침마다 깨우치시되 나의 귀를 깨우치사 학자들 같이 알아듣게 하시도다" 사 50:4 라고 말씀하시는 분은 바로 주님이시다.

이렇게 순종을 배우신 주님께서는 우리들에게도 우리 속에 신령한 해석자이신 성령을 보내 주시어 모든 순간마다 필요한 말씀을 가르쳐 주신다. 이것은 내주하시는 성령의 위대하신 사역으로서, 우리가 읽고 묵상한 말씀을 마음속 깊이 받아들이게 하시며 또한 마음속에서 즉시 힘 있게 역사하게 하시어 하나님의 살아 있는 말씀이 우리의 의지와 사랑과 전인격 가운데 효과적으로 역사하게 하신다. 말씀이 순종하게 할 만큼 능력을 지니지 못하는 것은 바로 이러한 진리를 우리가 이해하지 못하기 때문이다.

이에 대하여 좀더 구체적으로 말해 보겠다.

우리는 성경연구에 더 많은 관심을 가지게 된 것을 기뻐하며 받은 은혜에 대해 증거하기를 좋아한다. 그러나 우리 자신을 속이지 말자. 우리가 비록 성경을 연구하기를 즐거워하며 하나님의 진리로부터 얻는 견해에 매혹되고 감탄한다 할지라도, 그리고 암시된 의미를 깨닫고 깊은 감명을 받으며 가장 즐겁고 유쾌한 종교적 감정을 느끼게 된다 할지라도 우리들에게는 아직도 부족한 것이 있음을 느낄 수 있을 것이다. 즉 우리들에게는 아직도 우리를 거룩하게 하며 사랑하게 하며 또 언제든지 봉사나 고난을 맞이할 준비를 갖추게 하는 실제적인 어떤 영향력이 부족함을 느낄 수 있을 것이다.

왜 그런가?

그 이유는 그 말씀이 신령한 능력을 나타낸다 하더라도 우리가 그것을 살아계신 하나님의 말씀(하나님께서 실제로 우리에게 직접 하시는 말씀)으로 받아들이지 않기 때문이다. 문자적인 말씀은 우리가 아무리 그것을 연구하고 즐거워한다 해도 구원하는 힘과 성결케 하는 능력이 없다. 아무리 열심히 노력한다 해도 인간적인 지혜와 인간적인 의지는 이러한 능력을 주지는 못한다.

성령은 하나님의 전능하신 능력이다. 말씀이 명령할 뿐만 아니라 실제로 순종할 수 있는 힘까지도 공급하게 되는 것은 오직 성령이 직접 우리를 가르쳐 주실 때만 가능하며 또한 사람이나 책을 통해 복음이 "하늘로부터 보내신 성령을 힘입어"벧전 1:12 우리 자신에게 전해질 때에만 가능하다.

사람들에게 있어 아는 것과 원하는 것, 아는 것과 행동하는 것, 그리고 심지어 원하는 것과 실천하는 것까지도 서로 분리되어 일치하지 못하고 있는 것은 바로 이와 같이 성령의 능력이 결여되어 있기 때문이다.

성령 안에서는 그렇지 않다. 성령은 빛이신 동시에 하나님의 능력이시다. 그의 임재하시며 행하시며 주시는 모든 것 가운데는 진리와 마찬가지로 하나님의 능력도 내포되어 있다. 성령께서 여러분에게 하나님의 명령을 주실 때는 항상 가능하고 확실한 것(여러분을 위해 마련된 신령한 생명과 선물)으로 나타내 주신다. 또한 나타내시는 성령은 이것을 나누어 주실 수도 있으시다.

성경을 배우는 형제들이여, 주님께서 여러분을 순종하도록(자신이 순종하셨던 것처럼) 가르칠 수 있는 것은 오직 그가 당신으로 하여금 그 말씀을 깨닫고 받아들이도록 성령을 통해 가르쳐 주실 때만 가능하다는 것을 먼저 배우기 바란다. 하나님께서는 여러분이 성경을 펼 때마다 그 말씀을 듣고서 느끼게 되는 확신뿐만 아니라 당신의 유순한 기다림과 믿음에 대한 응답으로 성령의 살아 있는 역사하심까지도 허락하신다는 것을 믿기를 바란다.

말씀을 대할 때마다 성령께서 당신으로 하여금 말씀을 사랑하게 하시며 말씀에 복종케 하시며 말씀을 지키게 하실 수 있다는 믿음을 가지고 이 말씀을 받아들이도록 하자. 또한 주님께서 "자기에 관한 것"눅 24:27 을 말씀하시던 때에 성경이 그에게 영향을 미쳤던 것처럼 여러분에게도 그와 같은 영향을 미치게 하실 것이라는 조용한 믿음을 가지고 이 말씀을 받아들이자.

3. 배우는 자

우리는 지금까지 주님께서 끊임없이 하나님 아버지를 의존하시는 가운데 배우셨던 그 순종의 비결을 생각해 봄으로써 그가 우리에게 이 순종의 비결을 어떻게 가르쳐 주시는지를 살펴보았다. 그리고 주님께서 이 성경(하나님께서 우리를 위해 마련해 놓으신 것에 대한 신령한 계시)을 성령의 감동을 통해서 활용하셨던 것처럼 우리도 마땅히 어떻게 이 성경을 사용해야 할지를 가르쳐 주시는 것도 살펴보았다.

이제 그리스도인들이 이 순종의 학교에서 차지하고 있는 위치, 즉 배우는 자로서의 위치를 자세히 살펴보자. 그리하면 아들이신 그리스도께서 우리 속에서 그의 일을 효과적으로 이루시기를 원하시는 것에 대해서도 이해하게 될 것이다.

신실한 제자는 신뢰할 만한 스승에 대해 다음과 같은 마음가짐을 갖게 된다. 그는 스승의 가르침에 자신을 완전히 복종시킨다. 그는 스승을 완전히 신뢰한다. 그는 스승이 요구하는 만큼의 시간과 주의를 아낌없이 바친다.

주님께서는 이상에 말한 것들을 주장하실 수 있는 권리가 있다. 우리가 이것을 알고 인정하게 될 때에는 그가 우리들에게도 이 순종을 잘 가르쳐 주실 수 있음을 경험하게 될 것이다.

(1) 위대한 음악가나 미술가를 예로 들어보자. 참으로 진정한 제자라면 온전한 마음과 즉각적인 복종심으로써 그의 스승을 따른다. 그는 스케치를 하거나 물감을 배합할 때에도 스승의 가르침에 절대적으로 복종하는 것이 온전한 지혜임을 잘 알고 있을 것이다. 또 참을성 있게 예술의 기초를 천천히 배워나갈 때에도 순종하는

것만이 가장 온전한 지혜임을 알고 있을 것이다. 그리스도께서 요구하시는 것도 바로 이와 같이 그의 인도하심에 우리 자신을 완전히 내어맡기는 것이며 그의 권위에 대해 무조건 복종하는 것이다.

우리 모두 주님께 나아가 우리가 상실해 버린 바, 주님처럼 하나님께 순종할 수 있는 이 예술을 다시 가르쳐 주시기를 기도하자. 그러나 주님은 우리들이 그 대가를 지불할 준비가 되어 있는지를 물으신다. 그 대가란 우리 자신을 완전히 그리고 철저히 부인하는 것이다. 바로 이것이 무엇이든지 그가 말씀하시는 대로 행할 수 있는 준비이다.

어떤 일을 배울 수 있는 유일한 방법은 그 일을 실천하는 것이다. 마찬가지로 당신이 주님께로부터 순종을 배울 수 있는 방법도 여러분의 의지를 그에게 내어맡겨 오직 그의 뜻대로만 행하는 것을 여러분의 유일한 소원과 기쁨으로 삼는 것이다. 여러분이 순종의 학교에 들어올 때 절대적인 순종의 서약을 하지 않고서는 어떤 발전도 이룰 수 없을 것이다.

(2) 위대한 스승을 둔 제자가 그의 스승에게 절대적으로 복종하는 것을 쉬운 일로 생각할 수 있는 것은 그가 스승을 절대적으로 신뢰하기 때문이다. 그는 자기보다 더 나은 자의 지도를 받기 위해 자신의 뜻과 자신의 지혜

를 희생하는 것이다.

우리도 이와 같이 그리스도를 신뢰해야 할 필요가 있다. 그가 하늘로부터 내려오셔서 순종을 배우신 것은 우리에게 이 순종을 잘 가르칠 수 있게 되기 위해서였다. 그의 순종은 과거의 순종에 대한 대가가 지불되는 보고일 뿐만 아니라 현재에 순종할 수 있는 은혜가 공급되는 보물창고이기도 하다. 주님은 그의 거룩한 사랑과 완전한 인간적 동정 가운데서 그리고 우리의 마음과 삶을 지배하는 거룩한 능력 가운데서 우리에게 신뢰를 요구하시며 또한 신뢰받으시는 것이다.

주님께서 우리의 신뢰를 일깨우시고 또 우리에게 순종의 학교에서 성공할 수 있는 비결을 가르쳐 주실 수 있으려면 우리가 개인적으로 그에게 집착해야 한다. 그리고 우리의 마음속에 성령으로 말미암은 사랑의 능력(우리에게 보답하는 사랑을 일깨워 주는 능력)이 있어야 한다. 우리가 주님을 우리의 불순종을 대속해 주신 분으로 믿었던 것같이 그가 우리를 이 불순종에서 나오도록 인도해 주시는 스승이신 것도 굳게 믿자.

그리스도는 우리의 예언자이시며 또한 스승이시다. 선생으로서의 주님의 능력과 성공을 열렬히 믿는 사람은 그 믿음의 기쁨 가운데서 순종한다는 것이 얼마나 쉽고 가능한 일인지를 발견하게 될 것이다. 참된 순종의 비결은 온종일 우리와 함께하시는 그리스도의 임재하심이다.

(3) 제자는 스승이 요구하는 만큼의 봉사와 주의를 그에게 바친다. 스승은 개인적으로 대화를 나누거나 가르치는 데 얼마만큼의 시간을 바쳐야 할지를 결정한다.

하나님께 순종하는 것도 이처럼 천국의 예술과 같다. 그래서 처음에는 우리의 본성이 이에 대해 아주 생소할 것이다. 그러나 주님 자신도 이 순종을 배우시는 데는 오랜 시간이 걸렸다. 그러므로 우리는 이것이 즉시 이루어지지 않는다고 해서 이상하게 생각해서는 안 된다. 그리고 순종을 배우기 위해 주님 발 앞에 앉아 묵상하며 기도하며 기다리며 의지하는 데 많은 시간이 걸린다 해도 결코 당황해서는 안 된다. 우리 모두 이 순종을 배우기 위해 충분한 시간을 바치자.

하늘 아버지를 향한 예수 그리스도의 순종은 그로 하여금 그 자신 안에서 인간이 되게 하셨으며, 이 순종은 우리의 상속권과 생명의 호흡이 되었다. 우리 모두 주님을 꼭 붙들자. 그리고 그의 내주하시는 임재를 믿자. 우리는 우리의 구주로서 순종을 배우셨던 주님을 힘입어, 그리고 스승으로서 순종을 가르쳐 주시는 주님을 힘입어 순종의 삶을 살 수 있다. 우리가 이 교훈을 아무리 열심히 배운다 해도 지나치지 않을 것이다.

그의 순종은 우리의 구원이다. 우리는 살아계신 그리

스도 안에서 순종을 발견할 수 있고 매 순간마다 이 순종에 참여할 수 있다. 하나님께서 우리에게 어떻게 그리스도와 그의 순종이 실제로 매 순간마다 우리의 삶이 될 수 있는지를 보여주시도록 간구하자.

  이러한 기도는 우리로 하여금 주님께 우리의 온 마음과 모든 시간을 다 바치는 참된 제자가 되게 할 것이다. 그리고 주님은 자신이 아버지의 계명을 지켜 그 사랑 안에 거하시는 것처럼 우리도 주님의 계명을 지키면 그의 사랑 안에 거하게 된다는 것을 가르쳐 주실 것이다.

제4장 순종 생활에서 아침 경건의 시간

제사하는 처음 익은 곡식 가루가 거룩한즉 떡덩이도 그러하고
뿌리가 거룩한즉 가지도 그러하니라 롬 11:16

한 주일의 첫째 날이 나머지 날들의 성일로 정해진 것은 얼마나 복된 일인지 모른다. 이것은 우리가 적어도 하루를 편히 쉴 수 있기 때문만이 아니다. 또한 삶의 피곤함 가운데서 영적인 새 힘을 얻을 수 있기 때문만도 아니다. 이것은 무엇보다도 한 주일이 시작되는 이 성일이 남은 날들을 거룩하게 하며, 하나님의 임재하심과 역사하심이 한 주일 동안 계속 유지되게 하는 데 도움을 주기 때문이다. 처음 익은 곡식 가루가 거룩하면 떡덩이도 거룩하고 뿌리가 거룩하면 모든 가지들도 역시 거룩하다.

이러한 섭리는 구약성경에서도 많은 실례로 나타나 있다. 얼마나 은혜로운 섭리인가! 아침 경건의 시간을 생각해 볼 때도 마찬가지이다. 우리는 하루가 시작되는 아침의 첫 한 시간을 통하여 그 날의 모든 일에 축복이 임할 것을 확신할 수 있으며 모든 시험을 이길 수 있는 능력을 확신할 수가 있다. 우리가 아침 첫 시간에 하나님과 우리 사이를 붙들어 매는 줄을 단단히 함으로써 많은 사람들 가운데 휩쓸리거나 바쁜 일들에 몰두할 때 또는 하나님을 생각할 겨를이 없을 때에도 우리의 영혼이 안전하고 순결하게 보존될 수 있다는 것은 얼마나 은혜로운 섭리인가!

아침 경건의 시간을 통해서 우리의 영혼이 온종일 하나님을 계속 예배하는 가운데 그의 보호하심을 받음으로써 모든 시험까지도 우리를 더욱 주님께 가까이 나아가게 할 뿐이라는 것은 얼마나 은혜로운 일인가! 아침 경건의 시간이 주님께 대한 우리의 순종심과 믿음을 날마다 새롭게 하고 굳세게 하여 순종의 생활이 생기있는 활력 가운데 유지되게 할 수 있다는 것과 또한 강건함에서 더욱 강건함으로 나아가게 할 수도 있다는 것은 얼마나 감사하고 기뻐할 일인지 모른다.

나는 이 아침 경건의 시간과 순종 사이에 얼마나 밀접하고 절대적인 관계가 있는지를 지적해 보고자 한다. 완전히 순종하는 생활을 하고자 하는 욕망은 아침 경건의 시간에 대해 새로운 의미와 가치를 부여할 것이다. 그리고 이 아침 경건의 시간만이 완전히 순종하는 생활에 필요한 힘과 용기를 줄 수 있을 것이다.

1. 동기적인 원리

우선 우리들로 하여금 아침 경건의 시간을 즐거워하게 하며 이를 충실히 실천하게 하는 동기부터 생각해 보자. 우리가 만약 아침 경건의 시간을 하나의 의무나 혹은 우리의 신앙생활에 필요한 한 부분으로만 생각한다면 이것은 무거운 짐이 될 것이다. 또한 아침 경건의 시간의 주요 목적이 우리 자신의 행복과 안전만을 위한 것이라면 이는 그 시간에 마음이 끌리게 하는 참된 능력을 가져다주지 못할 것이다. 아침 경건의 시간에 대한 가장 타당한 동기는 하나님과 만나 교제를 나누고자 하는 소원이어야 한다.

그 이유는 우리가 하나님의 형상대로 창조되었기 때문이다. 또 우리가 이와 같이 하나님과 교제를 나누는 가운데서 영원한 세월을 지내기를 희망하기 때문이다. 그리고 하나님과 교제하는 것만이 이 세상에서나 천국에서 누리는 참된 행복이 되기 때문이다. 하나님을 더욱 충만히 모시는 것, 그를 더 잘 아는 것, 그로부터 그 사랑의 교통하심을 얻는 것, 우리의 삶이 하나님께 속한 것들로 가득 채워지는 것, 바로 이러한 것들을 얻게 하시기 위해 하나님은 우리를 부르셔서 골방에 들어가 문을 닫고 기도하게 하신다.

우리의 영적인 생활이 강건케 되기도 하며 시험받기도 하는 것은 골방에서 이루어지는 아침 경건의 시간 속에서이다. 그날 그날에 있어서 하나님이 모든 것을 주장하시게 되는지 안될는지, 또 우리의 생활이 절대적으로 순종하는 생활이 될 수 있을는지 없을는지의 여부가 판가름나는 싸움터가 여기에 있다. 우리가 만일 이 싸움터에서 승리하여 우리 자신을 제거하고 전능하신 하나님의 손에 모든 것을 맡기게 된다면 그날의 승리는 보장된다. 우리가 정말 하나님을 기뻐하는지 그리고 참으로 온 마음을 다 바쳐 그를 사랑하는 것을 우리의 목표로 삼고 있는지는 바로 이 은밀한 골방에서 판가름 난다.

그러므로 우리는 다음을 제일 중요한 교훈으로 삼아야 할 것이다. 우리의 기도 가운데서 가장 중요한 것은 하나님의 임재하심이다. 하나님을 만나는 것, 그의 거룩하신 뜻에 우리 자신을 맡기는 것, 우리가 그를 기쁘시게 하고 있음을 아는 것, 그로 하여금 우리에게 명령하시게 하며 우리의 머리 위에 손을 얹고 "너는 가서 이 너의 힘으로 이스라엘을… 구원하라" 삿 6:14 고 축복하여 말씀하시는 것, 이러한 것들을 우리가 사모하고 기뻐하게 되는 것은 이러한 것들이 매일의 아침 경건의 시간 속에서만 발견되는 것임을 알게 될 때이다.

2. 성경 읽기

아침 경건의 시간의 일부라고 할 수 있는 말씀 읽는 것에 대해 생각해 보자. 이에 대하여서는 여러 가지로 말할 수가 있다.

첫째, 우리가 조심하지 않으면 우리를 하나님께 향하도록 하기 위해 의도된 이 성경이 실제로는 하나님과 우리 사이에 끼어들어 우리들로부터 하나님을 가리운다는 것이다. 우리의 마음이 읽는 말씀에 사로잡히고 흥미를 갖게 되며 즐거움을 느끼게 된다 하더라도 이 말씀은 머리로만 아는 지식에 불과하기 때문에 우리에게 별다른 유익을 주지 못한다. 만약 이 말씀이 우리로 하나님을 기다리며 그를 영화롭게 하도록 인도하지 못한다면, 그리고 우리의 삶을 상쾌하게 하거나 성결케 하는 데 필요한 그의 능력과 은혜를 받도록 인도하지 못한다면, 이것은 도움 대신에 방해가 될 것이다.

둘째, 아무리 자주 반복하거나 강조해도 지나치지 않을 또 하나의 교훈은 우리가 성령을 통해서만 하나님께서 그 말씀을 통해 나타내시고자 하는 참뜻에 도달할 수 있다는 것과 성령을 통해서만 이 말씀이 우리의 내적 생명에까지 도달하여 우리 속에서 역사할 수 있게 된다는 것이다.

신령한 비밀과 계시와 함께 그의 말씀을 우리에게 보내주신 하나님은 우리 속에서 그 말씀을 해석하며 내적으로 소유하게 하실 성령도 보내 주셨다. 하나님은 우리가 그에게 항상 성령을 통해 가르쳐 주시도록 구하기를 원하신다. 그는 우리가 온유하고 순종하는 마음으로 그 앞에 엎드리기를 원하시며 또 우리가 성령께서 이 말씀을 우리 마음의 은밀한 곳에서 살아 역사하게 하실 줄로 믿기를 원하신다.

그는 우리에게 성령을 주신 목적이 그에 의해 인도하심을 받게 하시기 위해서임을 우리가 기억하기를 원하신다. 그리고 우리로 그를 따르게 하며 우리의 삶을 그의 지배 아래 있게 하시고자 성령을 주셨다는 것과 따라서 그의 인도하심에 우리 자신을 정직하게 내어맡기지 않는다면 그는 결코 우리의 아침 경건의 시간 속에서도 가르치실 수 없음을 기억하기를 원하신다. 그러나 우리가 하나님께 모든 것을 내어맡기고 참을성 있게 그를 기다리며 또 이 말씀의 능력을 소유하겠다는 것 외에 달리 아무것도 생각하지 않는다면 우리는 그의 가르쳐 주심을 기대해도 좋을 것이다.

우리는 우리의 골방을 교실로 삼아야 한다. 여러분의 아침 경건의 시간을 공부하는 시간으로 삼으라. 여러분은 바로 이 골방에서 성령의 가르치심에 대한 하나님 앞에서의 여러분의 복종심과 완전한 신뢰를 입증하게 된다.

셋째, 완전히 순종하는 마음으로 하나님의 말씀을 연구하라. 이것은 위의 내용들을 확증하는 가운데 나타내고 싶은 설명이다.

여러분은 예수님이나 그의 제자들이 듣기만 하고 행하지 않는 것에 대해 얼마나 자주 언급하셨는지 잘 알고 있을 것이다. 여러분이 만약 순종하고자 하는 간절하고도 분명한 목적이 없이 성경을 연구하는 데 익숙해져 있다면 여러분은 순종 가운데서 점점 더 굳어져 가고 있는 것이다.

여러분은 자신에 관한 하나님의 뜻을 읽을 때(성경에서) 그 말씀대로 즉시 행하는 데 자신을 온전히 바치지 않거나 말씀대로 행할 수 있는 은혜를 구하지도 않은 채 읽어서는 결코 안 될 것이다. 하나님께서 말씀을 보내주신 것은 우리가 무엇을 행해야 하는지 그리고 그 말씀을 실천할 수 있게 하시기 위해 어떤 은혜를 나누어 주셨는지를 보여주시기 위함이었다.

그런데 순종하려는 간절한 노력도 없이 말씀 읽는것을 여전히 경건한 일로 생각한다면 이는 얼마나 슬픈 일인가! 하나님께서 이와 같은 무서운 과오에서 우리를 지켜주시기 바란다. 하나님께 이렇게 말씀드리는 것을 거룩한 습관으로 삼자.

"주여, 내가 당신의 뜻으로 믿는 것은 무엇이든지 즉시 순종하겠나이다."

항상 순종하기를 원하는 마음으로 말씀을 읽으라.

넷째, 하나님의 모든 뜻을 알고자 하는 간절한 욕망을 가지고 말씀을 들으라. 나는 이때까지 우리가 이미 알고 있었던 이해하기 쉬운 명령들에 대해서만 말했다.

그러나 여러분이 한 번도 주의를 기울이지 않았거나 또는 너무 광범위하게 적용되며 끊임없이 계속되는 것이어서 전혀 받아들이지 않고 있었던 명령들도 많다는 것을 명심해야 한다. 비록 어려워 보이는 명령들(너무 높게 보이거나 또는 그것들을 실천할 수 있는 방법에 대해 신령한 가르침을 받아야만 하는 명령들)이 많다 하더라도 오히려 이것들이 당신으로 하여금 신령한 가르침을 추구하게 하는 것이 되게 해야 한다.

성경본문은 가장 쉬운 것 또는 가장 큰 축복을 가져다주는 격려일 수만은 없다. 그것은 쉽든지 어렵든지 여러분으로 하여금 하나님을 완전히 의지하게 하는 것이다. 하나님께서 여러분에게 "모든 신령한 지혜와 총명에 하나님의 뜻을 아는 것으로"골 1:9 채워주시기를 바란다. 이러한 놀라운 일은 오직 골방 속에서만 이루어질 수 있다.

여러분이 하나님께서 여러분에게 어떤 일을 행할 수 있는 힘을 주시는 것을 확신하게 되는 것은 오직 그가 여러분에게 그 일을 행하라고 말씀하고 있다는 사실을 인정하게 될 때이다. 하나님께서 때를 따라 그의 뜻을 우리에게 비춰 주시는 것도, 우리가 그 모든 뜻을 행할 수 있게 되는 것도, 다 우리가 그의 뜻을 알려고 할 때이다.

아침 경건의 시간을 통해 하나님을 만나며 절대적인

순종심을 새롭게 하는 사람에게는 이 아침 경건의 시간이 그의 생활에 얼마나 놀라운 능력이 되겠는가! 또한 성령의(하나님의 뜻을) 가르쳐 주심을 참고 기다리는 사람에게도 이 아침 경건의 시간이 얼마나 놀라운 능력이 되겠는가! 자신을 위해 이처럼 기도할 수 있는 사람은 남을 위해서도 진실한 중재자가 될 수 있을 것이다.

3. 기도

아침 경건의 시간에는 과연 어떠한 기도를 드려야 할지에 대해서 다음과 같이 몇 가지 제목으로 나누어 언급해 보고자 한다.

첫째, 하나님의 임재하심을 확고히 하려고 하라.

하나님의 얼굴을 보는 것 외에는 어떤 것으로도 만족하지 말라. 그가 사랑 가운데서 여러분을 보고 계시며 귀를 기울이시고 여러분 속에서 역사하신다는 확신을 갖게 되기까지는 어떤 것으로도 만족하지 말라.

우리의 삶(매일의 삶)이 하나님으로 충만해야 한다면 그날의 모든 생활에 대해 하나님의 인을 치는 시간이라고 할 수 있는 아침시간이야말로 얼마나 더 충만해야 하겠는가! 우리의 신앙생활에서 하나님(그의 거룩하심,

우리 속에 살아계신 그의 성령, 사람들을 위해 우리 속에서 역사하시는 그의 능력)보다 더 절실히 필요한 것은 없다. 그리고 개인적으로 하나님께 가까이 나아가 교제하는 것 외에는 이러한 것들을 얻을 수 있는 방법이 하늘 아래는 없다. 더욱이 아침 경건의 시간만큼 이러한 것들을 얻을 수 있는 더 좋은 시간은 없다.

우리의 신앙생활이 연약하고 보잘것없는 것은 모두 하나님과의 실제적인 만남이 부족한 데서 비롯된다. 하나님만이 모든 사랑과 선함과 행복의 근원이시라는 것이 사실이라면, 또 가능한 한 그분과의 임재하심과 교제함을 더 많이 갖는 것이 우리의 최고의 행복임이 사실이라면 아침 경건의 시간 속에서 그를 만나는 것만이 마땅히 우리의 최우선적인 관심거리가 되어야 한다.

구약성경의 그리스도인들에게 있어서 하나님이 그들에게 나타나시며 말씀하시는 것은 곧 그들의 순종의 비결이요 능력의 비결이었다. 여러분도 "브니엘"이란 말을 할 수 있도록, 즉 "내가 하나님과 대면하여 보았다" 창 32:30 라고 말할 수 있도록 그에게 충분한 시간(하나님이 자신을 나타내실 수 있는 시간)을 드리라.

둘째, 그날 하루를 위하여 자신의 절대적인 순종심을 새롭게 하는 것을 아침 경건의 시간의 주요 부분으로 삼으라.

죄를 고백할 때는 아주 분명하게 해야 한다. 그래서 하나님을 슬프게 했던 모든 죄를 뽑아 버리고 잘라 버려야 한다. 거룩한 생활에 필요한 은혜를 구할 때도 분명하게 하여 그 은혜와 능력을 믿음으로 구하고 믿음으로 받아들여야 한다. 그리고 시작하려고 하는 그날 하루를 전체적으로 살펴볼 때도 하나님에 대한 순종이 그날을 주장하는 원리가 되게 할 것을 굳게 결심한 날이 되어야 한다.

기도 속에서 하나님의 사랑과 축복을 얻는 데는 하나님의 뜻으로 나아가는 것보다 더 좋은 방법이 없다는 것을 알라. 기도하는 가운데 여러분 자신을 복된 하나님의 말씀에 전적으로 내어맡기라. 이것은 많이 기도하는 것보다 더 유익하다. 하나님께서 자신에게 자비를 베푸시어 자신으로 하여금 그의 뜻으로 들어가 그 안에 거하게 해주시기를 구하라. 온전한 순종의 정도는 곧 하나님에 대한 신뢰의 정도가 된다.

셋째, 하나님과의 교제와 참된 기도는 일방적인 것이 되어서는 안 된다.

우리에게는 하나님께서 무슨 답변을 주시는지를 잠잠하게 기다리며 들어야 할 필요가 있다. 우리들에게 하나님의 음성이 되어 주시는 것은 성령의 직무이다. 그는 마음속 깊은 곳에서 비밀을 보여주신다.

이 비밀은 곧 우리를 들으신 바 되었다는 확신이며 하나님께서 우리의 소원을 이루시기로 작정하셨다는 확신이다. 우리가 그의 음성을 듣는 데는(이러한 확신을 얻는 데는) 하나님을 기다리는 조용한 침묵과 그를 신뢰하는 조용한 믿음이 필요하며 또한 하나님 앞에서 겸손하게 엎드리는 마음과 그를 모든 것 중에 으뜸이신 분으로 인정하는 마음이 필요하다.

우리의 구하는 것을 얻은 줄로 아는 확신과 우리 자신을 드린 것이(순종의 희생 가운데서) 받으신 바가 된다는 확신과 성령께서 우리가 알고 행해야 할 모든 하나님의 뜻으로 인도해 주실 것이라는 이 확신은 하나님께서 우리 기도에 응답해 주실 때까지 그를 기다릴 때에만 얻을 수 있다.

우리가 아침에 삼위일체 하나님과 한 시간 동안 함께 지냄으로 말미암아 아버지께서 아들과 성령을 통하여 온종일 우리를 점유하시게 된다고 하면 우리가 이 아침 경건의 시간 속에서 얻은 영광이야말로 얼마나 놀라운 것이겠는가! 또 이 시간을 통해 우리의 매일의 생활이 얼마나 영광스럽게 되겠는가!

넷째, 당신의 기도는 남을 유익하게 하는 도고(禱告, 중재의 기도)가 되어야 한다.

주님의 순종에 있어서 가장 필수적인 요소는 그 순종

이 온전히 남을 위한 것이었다는 점이다. 이것은 주님께서 하나님과 교제하실 때도 마찬가지였다. 성령은 몸의 모든 지체 전체를 통해 흐른다. 우리가 이러한 사실을 알고 따르면 따를수록 우리의 삶은 더욱 하나님이 원하시는 삶이 될 것이다. 가장 높은 차원의 기도는 중재의 기도이다.

하나님께서 아브라함과 이스라엘을 택하신 목적은 무엇인가?

하나님께서 우리를 택하신 주된 목적은 무엇인가?

그것은 우리로 세상의 복이 되게 하려 하심이었다. 우리는 왕 같은 제사장이요, 제사장 같은 백성이다. 우리의 기도가 단지 개인적인 유익과 개인적인 행복의 수단에 불과한 것이라면 더욱 충만한 기도의 능력은 알지 못할 것이다. 우리의 중재의 기도는 마땅히 우리 이웃의 영혼들을 구원하기를 간절히 사모하는 기도가 되어야 하며 그들의 죄와 필요의 짐을 지는 기도가 되어야 한다. 또 하나님의 나라가 확장되기를 간절히 구하는 기도가 되어야 한다.

이러한 도고를 여러분의 아침 경건의 시간의 목표로 삼으라. 이것이 어떠한 유익을 가져오며 얼마나 큰 힘(사람을 끄는 힘)을 가져오게 되는지 관찰해 보라.

중재의 기도가 의미하는 바를 깨닫게 되다니 얼마나 감사한가! 그리스도의 이름과 의와 존귀를 얻고 또한 이것들로 덧입으며 이 가운데서 하나님 앞에 나타날 수 있다니 얼마나 놀라운가!

지금 세상에 계시지 않는 주님을 대신하여 고후 5:20 각 사람의 필요를 따라 하나님의 은혜가 역사하시도록 그들의 이름을 불러 하나님께 간구할 수 있다니 얼마나 놀라운가!

우리의 기도가 믿음(우리 자신의 믿음과 성령께서 우리로 역사하게 하시려고 주시는 믿음) 안에서 많은 영혼들을 죽음으로부터 구해낼 수 있으며 이 땅 위에 축복이 임하게 할 수 있다니 얼마나 놀라우며, 축복을 나누어 줄 수도 있다니 얼마나 놀라운가!

이러한 역사가 바로 아침 경건의 시간을 통해서 새롭게 되며 매일 계속될 수 있다니 얼마나 놀라운가!

가장 고상한 경건(그리스도의 형상을 닮음)은 중재의 기도 속에서 이루어진다. 성도가 생명과 축복을 나누어 주는 능력 가운데서 고귀하게 되는 것도 중재의 기도 가운데서 이루어진다. 우리가 교회에서 하나님의 능력이 풍성히 나타나 많은 사람들에게 역사하기를 추구해야 하는 것도 이 중재의 기도에 속한다.

한마디로 결론을 내리겠다. 순종과 아침 경건의 시간 사이의 직접적이고도 절대적인 관계를 다시 한번 생각해 보자.

순종이 없이는 하나님의 말씀과 뜻을 알게 하는 능력도 있을 수 없다. 순종이 없이는 아침 경건의 시간을 들으신 바 된다는 확신이나 담대함도 있을 수 없다. 순종이란 하나님의 뜻 가운데서 그와 교제를 나누는 것이다. 순종이 없이는 우리를 위해 예비해 두신 그 축복을 보거나 선포하거나 붙잡을 수 있는 능력이 있을 수 없다.

반대로 생각해도 마찬가지이다. 아침 경건의 시간을 통한 하나님과의 살아있는 교제가 없이는 순종의 생활이 유지될 수 없다. 순종의 서약이 매일 능력 가운데서 새롭게 되고 확증될 수 있는 것은 바로 아침 경건의 시간 속에서이다.

순종의 생활을 가능하게 하는 하나님의 임재하심과 교통하심도 이 아침 경건의 시간 속에서 얻을 수 있다. 한 사람의 순종하심에 연합함으로 말미암아 하나님의 요구하시는 모든 것을 감당할 능력을 받게 되는 것도 아침 경건의 시간 속에서이다. 그리고 하나님의 뜻에 관해 영적인 깨달음을 얻게 되는 것도 아침 경건의 시간 속에서이다. 하나님께서 그의 자녀들을 부르신 것은 하늘의 놀라운 초자연적인 삶을 살게 하시기 위해서이다.

이 아침 경건의 시간이 매일 여러분에게 열린 천국문이 되게 하여 이 문을 통해 천국의 빛과 능력이 여러분의 기다리는 마음속에 들어오게 하라. 또 아침 경건의 시간에서부터 온종일 하나님과 동행하기를 시작하라.

제5장 온전한 순종 생활로 들어감

죽기까지 복종하셨으니 빌 2:8

이제까지는 순종 생활에 대해서 언급해 보았다. 이제 여기에서는 실제로 그러한 생활로 들어가는 일에 대해 생각해 보고자 한다.

여러분은 완전한 순종의 생활로 들어가는 과정을 말함에 있어 이 본문(가장 완전한 순종을 의미함)을 그 주제로 삼는 것은 잘못이라고 생각할 수도 있을 것이다. 그러나 이것은 잘못이 아니다. 왜냐하면 경주에서 승리하려면 먼저 목표를 분명히 정하고 그것을 처음부터 잘 바라보아야 하기 때문이다.

그는… 죽기까지 복종하셨으니 빌 2:8

우리에게 다른 그리스도는 없다. 그리고 하나님을 기쁘시게 할 만한 다른 순종도 없고 본받아야 할 다른 모본도 없으며 순종을 배울 다른 선생도 없다. 그리스도인들이 말할 수 없는 고민 가운데 처해 있는 것은 바로 이 말씀을 그들이 목표로 삼아야 할 참된 순종으로 즉시 받아들이지 않기 때문이다.

가장 초보적인 그리스도인은 그가 기도를 시작하거나 서약을 하는 것 못지않게 이 죽기까지의 순종이 꼭 필요하다는 것을 본서 『순종』에서 배우게 될 것이다. 주님이 죽기까지 순종하신 것은 곧 그의 아름다움이요 그의 영광이다. 이러한 순종에 참여한다는 것은 그가 우리에게 주신 가장 고귀한 축복이다. 이러한 순종을 갈망하고 실천하는 것은 초신자에게도 가능하다.

다음에 나오는 고대역사의 한 이야기를 들어보면 온전한 순종이 무엇을 의미하는지를 잘 알 수 있을 것이다.

옛날에 많은 군사를 거느린 어느 거만한 왕이 비록 작으나 아주 용감했던 한 나라의 왕에게 항복할 것을 명령했다. 사신들이 그 작은 나라의 왕에게 이 소식을 전하자 그는 신하 중 한 사람을 불러내었다. 그리고 스스로 칼로 찌르도록 명령했다. 그랬더니 그 신하는 즉시 명령대로 실천했다. 두 번째 신하를 또 불러내었다. 그도 역시 즉시 명령대로 순종했다. 세 번째 신하를 불러내었을 때도 마찬가지로 죽기까지 순종했다.

왕은 그 사신들에게 말하기를 "가서 너희 왕에게 고하기를 내게는 이런 군사가 삼천 명이나 있으니 올 테면 오라고 하라"고 했다. 그 왕은 자기가 생명을 요구했을 때는 그들의 목숨까지도 아끼지 않고 바칠 수 있는 그 군사들을 기꺼이 믿을 수가 있었던 것이다.

하나님께서 원하시는 것은 바로 이러한 순종이다. 주님께서 아버지께 바치신 것도 바로 이러한 순종이셨다. 그가 우리에게 가르쳐 주시는 것도 바로 이러한 순종이다. 이러한 순종을 우리가 배워야 할 것으로 삼자.

우리는 그리스도를 주라고 부르면서도 그의 말씀대

로 행치 않는 엄청난 실수를 면하기 위해 성도의 생활을 시작하는 처음 순간부터 이러한 순종을 우리의 목표로 삼아야 한다. 조금이라도 불순종의 죄가 있다고 생각되는 모든 사람들로 하여금 우리가 이 말씀에서 깨닫는 것같이 그들도 그 불순종에서 나와 생명으로 나아갈 수 있는 방법(온전한 순종의 생활로 들어가는 것)에 귀를 기울이게 하자.

1. 불순종을 고백함과 정결케 됨

우리는 이것이 우선적인 단계가 되어야 한다는 것을 쉽게 알 수 있다. 하나님백성들의 불순종에 대해 누구보다도 더 많이 언급하고 있는 선지자 예레미야의 글에서 하나님은 말씀하셨다.

> 여호와께서 이르시되 배역한 이스라엘아 돌아오라
> 나의 노한 얼굴을 너희에게로 향하지 아니하리라
> 나는 긍휼이 있는 자라… 여호와의 말씀이니라
> 너는 오직 네 죄를 자복하라…
> 이는… 내 목소리를 듣지 아니하였음이니라…
> 배역한 자식들아 돌아오라 렘 3:12~14

고백이 없는 회개에 용서가 있을 수 없듯이 회개한 후에도 더욱 깊은 고백과 확신이 없이는 압도하는 죄의 힘과 그로 말미암는 불순종으로부터의 구원이 있을 수 없다. 불순종에 대한 우리들의 개념이 막연히 일반적인 것이 되어서는 안 된다. 우리는 고백을 통해 특별히 불순종하고 있는 일들을 명백히 드러내야 하며 포기해야 하며 그리스도의 손에 내어맡겨야 하고 또 그에 의해 정결케 되어야 한다. 그때야 비로소 참된 순종의 문으로 들어갈 수 있는 희망이 있는 것이다.

주님의 가르침에 비추어 우리의 삶을 살펴보자.

첫째, 주님께서는 율법에 호소하셨다.

주님께서 오신 것은 율법을 파하려 하심이 아니라 이루시기 위함이었다. 그는 한 젊은 관원에게 "네가 계명을 아나니" 막 10:19 라고 말씀하셨다. 우리는 이 율법을 우리를 살필 수 있는 첫 시험단계로 삼아야 한다. 대수롭지 않은 죄일지라도 마치 죄악에 완전히 드러누워 버린 것처럼 심각하게 생각하자.

나는 어떤 젊은 자매로부터 짤막한 편지를 받은 적이 있다. 그 내용은 그녀가 온전히 순종하기를 원한다는 것과 또 그녀가 내게 거짓말한 것을 고백해야 되겠다고 느꼈다는 것이었다. 그 거짓말이란 대수롭지 않은 사소한 것이었다. 그러나 그녀는 그렇게 고백함으로써 그

거짓말을 자신에게서 떨쳐 버리는 데 도움이 될 것으로 바르게 판단했던 것이다.

일반 사회에서나 학교에서 일어나고 있는 일들 중에 엄밀하게 분별해 보면 옳지 않은 일들이 많다. 성경에 기록된 열 가지 계명(십계명) 외에 또 다른 계명이 있다. 그것은 인간이 너무나도 자주 불순종의 구실을 갖다 붙이는 인간적인 계명인 것이다. 이런 인간적인 것들은 완전히 끝이 나야 한다. 우리가 온전히 순종하는 생활로 들어가려면 마땅히 이런 것들을 고백해야 하며 하나님의 능력으로서 영원히 멀리해야 한다.

둘째, 주님께서는 사랑의 새 계명을 보여주셨다.

주님께서 세상에 계시는 동안 가르쳐 주신 신앙생활은 어떤 것인가?

그것은 하나님처럼 자비로우며 그의 용서하심처럼 용서하며 원수를 사랑하며 우리를 미워하는 자들에게 선을 행하며 자기 희생과 선행의 삶을 사는 것이었다.

우리가 화났을 때 용서하지 않는 마음과 무정하고 날카로운 불친절한 말들과 또 자비와 선을 베풀어 달라는 요청을 무시하는 마음에 대해 한번 생각해 보자. 그리고 우리가 순종의 능력을 얻기 전에 먼저 탄식해야 할 그리고 범죄한 오른쪽 눈을 뽑아버리듯이 뽑아 버려야 할 불순종에 대해서도 한번 생각해 보자.

셋째, 주님께서는 자기 부정에 대해 많은 말씀을 하셨다.

사랑과 순종의 결핍은 자기를 사랑하는 데 그 원인이 있다. 주님은 제자들에게 자기를 부인할 것과 자기 십자가를 질 것과 자신의 생명까지도 미워하고 버려야 할 것과 모든 자의 종이 될 것을 요구하셨다. 주님이 이렇게 요구하신 것은 자기 자신(자신의 뜻, 자기를 기쁘게 하는 것, 자기만을 추구하는 것)이 곧 모든 죄의 근원이기 때문이다.

우리가 방임하여 먹고 마시는 가운데 육체와 영합한다면 우리는 불순종의 죄를 짓는 것이 되며 또 우리의 교만을 충족시켜 주는 것을 추구하고 즐김으로써 자신을 만족하게 하려 할 때도 불순종의 죄를 짓는 것이 된다. 그리고 자신의 뜻을 허용하여 그 욕망대로 행할 때도 우리는 불순종의 죄를 짓는 결과가 되고 마는 것이다. 이러한 불순종은 우리의 영혼을 점점 가리어 그의 빛과 평강을 누리지 못하게 만든다.

넷째, 주님께서는 우리가 온 마음을 다하여 하나님을 사랑할 것을 요구하신다.

주님은 자신에 대해서도 그를 따르는 모든 사람들이 그와 같이 사랑하기를 요구하신다. 이러한 사랑을 목표로 삼지도 않고, 또 살기 위해 그 은혜를 구하지도 않는 신자는 불순종의 죄를 범하고 있는 것이다. 이런 삶은 비록 그의 신앙생활 속에 선하고 열심 있어 보이는 것들이 많다 하더라도 그가 참으로 주님의 뜻을 행하고 있음을 아는 즐거움은 누리지 못할 것이다.

많은 사람들이 순종의 참된 삶을 시작하라는 말씀을 듣고 그렇게 하기로 결심하며 노력한다. 그래서 그들은 더욱 기도하고 더욱 성경을 연구함으로써 그러한 생활로 나아갈 수 있다고 생각한다. 그러나 그들은 큰 실수를 범하고 있다. 하나님께서 예레미야서에서 하신 말씀이 그들의 실수를 잘 지적해 주고 있다.

"배역한 이스라엘아 돌아오라."

진실한 마음으로 온전한 순종을 서약하는 사람이 더 온전한 순종으로 자라가는 것은 연약한 상태(미약한 순종)에서 자라가는 것이지 불순종에서부터 자라가는 것은 아니다. 그렇기 때문에 돌아오는 것과 돌이키는 일과 결단하는 일이 반드시 필요하다. 이와 같은 행동은 잘못을 분명히 깨닫지 않고는 있을 수 없으며 부끄러워함과 뉘우침의 고백이 없이는 있을 수 없다. 그가 이렇게 잘못을 깨닫고 뉘우치며 고백한 후에야 새 마음의 선물을 깨닫게 해 줄 중생의 씻음을 바라볼 수 있는 것이다.

변화된 생활을 하기 원하고 또 그리스도처럼 죽기까지 복종하는 사람이 되기 원한다면 먼저 성령께서 당신의 모든 불순종을 보여주시기를 간구해야 한다. 또 겸손히 고백하는 가운데 당신을 하나님이 예비하신 거룩하신 씻음으로 인도해 주시기를 간구해야 한다. 이 은혜를 얻기까지는 결코 쉬지 말아야 한다.

2. 순종이 가능하다는 믿음

이것은 두 번째 단계이다. 우리가 이 단계로 들어가기 위해서는 순종이 무엇인지 명백하게 이해해야 한다.

첫째, 우리는 고의적인 죄와 본의 아닌 죄의 차이점에 주의해야 한다. 순종은 바로 고의적인 죄와 관계가 있는 것이다. 우리는 하나님께서 그 자녀에게 주신 새 마음이 죄의 속성을 지닌 육체 가운데 있다는 것을 잘 알고 있다. 참으로 순종하는 사람에게도 가끔 억제할 수 없는 사악한 교만과 무정함과 더러운 행위가 일어나는 것은 바로 이 육체에서이다.

물론 이런 것들은 본질적으로 완전히 악하고 죄스러운 것들이다. 그러나 이런 것들 때문에 그 사람이 범죄자로 규정되지는 않는다. 이것들은 우리가 앞에서 말한 끊어버릴 수도 있고 물리칠 수도 있는 그런 종류의 불순종이 아니다. 이런 것들로부터 구출되려면 중생한 자의 의지로서는 불가능하고 오직 보혈의 능력과 그리스도의 내주하심으로써만 가능하다.

이러한 특징에 유의하는 것은 아주 중요하다. 이것은 그리스도인을, 순종이 불가능하다는 생각으로부터 지켜준다. 이것은 그리스도인으로 하여금 그러한 특징이 영향을 미칠 수 있는 범위 안에서 기꺼이 순종하기를 추구하도록 격려해 준다.

순종하고자 하는 의지의 힘이 그 영역 안에서 효력을 나타내는 것처럼 성령의 능력은 의지가 힘을 미치지 못하는 것에까지도 정결케 하는 역사를 나타내실 수가 있다.

둘째, 이 어려움이 제거되고 나면 우리로 과연 순종이 가능할지를 의심케 만드는 또 다른 문제가 생긴다. 사람들이 이 순종을 절대적인 완전의 개념에 연관시키는 것이다. 그래서 그들은 성경에 있는 모든 명령들을 한꺼번에 생각하며 이 명령들이 가리키는 모든 장점들을 한꺼번에 생각한다. 또 그들은 매 순간마다 완전하게 행하며 모든 장점들을 다 가진 사람을 생각한다. 그러나 이러한 생각은 하나님께서 요구하신 것과는 너무도 다르다.

하나님께서는 그 자녀들의 재능과 능력이 각각 다른 것으로 판단하신다. 그는 그의 자녀들에게 그날 그날의 순종만을, 아니 시간 시간마다의 순종만을 요구하시는 것이다. 그는 내가 정말 자신을 바쳐 알고 있는 모든 명령들을 지키는지 지키지 않는지를 보고 계신다. 또한 그는 내가 참으로 그의 뜻을 알고 행하기를 사모하며 배우고 있는지를 보고 계신다. 그의 자녀들이 단순한 믿음과 사랑 가운데서 이것을 행할 때에만 그 순종은 받으실 만한 것이 된다. 성령은 우리가 하나님을 기쁘시게 하고 있다는 즐거운 확신을 주신다. 또한 성령은 우리가 그의 계명들을 지키고 그 앞에서 기뻐하시는 일을 행함으로 인하여 하나님 앞에 담대함을 얻게도 하신다. 요일 3:21~22

이러한 순종이야말로 은혜를 얻기에 충분한 것이다. 순종하는 생활에 있어서 절대적으로 필요한 것은 있는 그대로를 믿는 단순한 믿음이다.

이러한 믿음의 근거를 성경말씀 가운데서 찾기를 원하는가? 그렇다면 다음의 말씀(하나님의 새 언약의 약속에 관한 말씀)에서 그 근거를 발견할 수가 있을 것이다.

> 내가 나의 법을 그들의 속에 두며
> 그들의 마음에 기록하여 렘 31:33

> 내가 그들에게 복을 주기 위하여 그들을 떠나지
> 아니하리라 하는 영원한 언약을 그들에게 세우고

> 나를 경외함을 그들의 마음에 두어
> 나를 떠나지 않게 하고 렘 32:40

옛 언약의 가장 큰 결점은 그것이 명령하기만 했을 뿐 순종할 수 있는 힘은 주지 못했다는 것이다. 그러나 새 언약은 순종할 수 있는 힘까지도 준다. 마음은 사랑 곧 생명을 의미한다. 따라서 마음속에 새겨진 율법은 그 자체가 곧 새롭게 된 사람의 내적 생명과 사랑을 점유하고 있음을 의미한다. 새로워진 마음은 하나님의 율법을 기뻐한다. 즉 율법에 기꺼이 순종할 수가 있는 것이다.

여러분은 이러한 사실을 의심하고 있을 것이다. 여러분의 경험이 이를 인정하지 않는 것이다. 그러나 이상한 일이 아니다! 하나님의 약속은 믿음의 일이다. 당신이 경험하지 못하는 것은 바로 믿지 않기 때문이다.

글을 써도 보이지 않는 액체를 한번 생각해 보자. 종이 위에다 이 액체로 글을 썼을 때 그 비밀을 모르는 사람의 눈에는 글씨가 보이지 않는다. 그러나 그 비밀을 말해 주면 그는 믿음으로 알게 될 것이다. 그래서 그 종이를 들어 햇빛에 비추어 보거나 그 위에 어떤 화학물질을 떨어뜨려 보면 글씨가 나타날 것이다.

하나님의 율법이 우리의 마음속에 새겨지는 것도 이와 같다. 만약 이러한 사실을 굳게 믿고 하나님께 나아가 그의 율법이 당신의 마음속에 있다고 말하며 또 그 마음을 성령의 조명에 비추어 본다면 당신은 그것이 사실이라는 것을 곧 알게 될 것이다. 마음속에 새겨진 율법은 우리에게 순종할 수 있는 능력과 더불어 하나님의 계명들에 대한 뜨거운 사랑을 의미할 것이다.

우리의 순종을 온전히 이루기 위해 얼마나 분명하고 충분한 섭리가 이 새 언약(은혜의 언약) 가운데 마련되어 있는가!

나폴레옹의 병사에 관한 이야기를 하나 해 보자. 어느 병사가 가슴에 총탄을 맞았다. 그래서 의사가 그의 가슴에서 총알을 파내려고 했다. 그때 그 병사는 다음과 같이 말했다.

"더 깊숙히 파고 들어가 보라. 거기에 나폴레옹이 새겨져 있는 것을 볼 수 있을 것이다."

그리스도인 형제여, 형제의 마음속 깊은 곳에도 이 율법이 새겨져 있음을 믿으라! 다윗과 그리스도의 하신 말씀을 당신도 믿음으로 말하라.

> 나의 하나님이여 내가 주의 뜻 행하기를 즐기오니 주의 법이 나의 심중에 있나이다 시 40:8

율법이 마음속 깊이 새겨져 있다는 사실에 대한 믿음은 자신으로 하여금 순종이 가능하다는 것을 확신하게 해

줄 것이다. 그러한 믿음은 여러분을 참된 순종의 삶으로 들어갈 수 있도록 도와줄 것이다.

3. 불순종에서 순종으로 나가는 계기는 그리스도께 굴복하는 데서부터 비롯된다

하나님께서는 이스라엘 백성들에게 "배역한 자식들아 돌아오라 내가 너희의 배역함을 고치리라"렘 3:22고 말씀하셨다. 그들은 하나님의 백성들이었음에도 불구하고 그를 배반했던 것이다. 그것도 즉각적이고도 완전한 배반이었음이 틀림없다. 불순종으로 떨어지는 것은 순간적인 일이다. 마찬가지로 하나님의 은혜를 믿는 마음으로 "내가 순종하리라"고 말하는 것도 순간적인 일일 것이다. 순종할 수 있는 능력과 순종을 서약하는 것, 그리고 그 순종을 계속 유지하는 것은 다 그리스도로부터 나온다.

우리는 앞에서 순종의 능력은 살아 있는 인격적 임재의 힘 있는 영향력에서 나온다고 말했다. 우리가 하나님의 뜻에 대한 지식을 사람이나 책에서만 취하는 한 우리는 실패할 수밖에 없을 것이다. 그러나 그리스도를 항상 가까이 계시는 우리들의 주와 힘으로 생각하면 우리는 순종할 수가 있다. 명하시는 목소리는 곧 감동하시는 목소리이다. 인도하시는 눈은 또한 격려하시는 눈이다. 그리스도는 우리에게 전부가 되신다. 즉 명하시는 그리스도시요 가르치는 모본이시며 굳세게 하는 조력자가 되시는 것이다.

불순종하는 생활에서 이제 주님께로 돌아가자. 믿고 굴복하는 가운데서 자신을 그분에게 맡기자. 굴복함으로써 그분으로 하여금 모든 것을 소유하시게 하자. 그분께서 원하실 수 있는 만큼 그 자신과 그의 임재하심과 그의 뜻과 그의 행하심에 여러분 자신들의 삶을 완전히 드리도록 하자. 여러분의 삶이 불순종으로부터 구출되어 범죄함이나 고통이 없이 잘 살게 되기 위해서가 아니라 주님께서 자신을 위해 여러분의 전부를 소유하셔서 여러분을 그의 그릇(주님 자신과 그의 생명과 사람들에 대한 그의 사랑으로 가득 채울 수 있는 그릇)으로 삼으실 수 있도록 자신을 바치자.

또한 믿음 가운데서 그분으로 하여금 모든 것을 소유하시게 하자. 즉 새로운 믿음 가운데서 사람이 그리스도 안에 있는 새로운 일(계속 순종할 수 있는 능력)을 알고 난 다음에는 그것을 소유하기 위해 위대한 구속의 축복에 대한 새로운 믿음이 필요하다. "그가 죽기까지 복종하셨으니"라는 이 말씀을 사랑과 순종에 대한 하나의 동기로만 생각했던 믿음은 이제 다음과 같은 말씀까지도 받아들이게 된다.

> 너희 안에 이 마음을 품으라
> 곧 그리스도 예수의 마음이니…
> 자기를 낮추시고 죽기까지 복종하셨으니 빌 2:5~8

이러한 새 믿음은, 그리스도께서 우리에게 자신의 마음과 성령을 불어넣어 주셨다는 사실을 믿으며 또 이 사실을 믿는 가운데 그리스도의 마음을 나타내며 살아갈 채비를 갖추게 한다.

하나님께서 그리스도를 이 세상에 보내신 것은 우리의 마음과 생활 속에 순종을 다시 회복시키기 위함이었으며 또한 순종하는 가운데 인간을 그 본래의 위치로 회복시키기 위함이었다. 주님께서는 이 세상에 오셔서 죽기까지 순종하심으로써 참된 순종이 무엇인지를 보여주셨다. 이 순종은 그가 죽음을 통해서 획득하신 하나의 생명이다. 그는 이 생명을 오늘날에도 나누어 주고 계신다.

주님은 이 일을 자신 속에서 성취하셨고 완성하셨다. 우리를 사랑하시며 인도하시는 주님, 우리를 가르치시며 강건케 하시는 주님, 그리고 우리 안에 거하시는 주님은 바로 죽기까지 순종하신 주님이시다. "죽기까지 순종하는 것"은 그가 우리에게 나누어 주신 생명의 본질이다.

우리가 이것을 어찌 인정하지 않을 수 있겠는가?

그가 우리 속에 이것을 나타내 주시기를 어찌 기대하지 않을 수가 있겠는가?

여러분도 이 복된 순종의 삶으로 들어가고 싶지 않은가?

보라 여기에 그 문이 있다.

> 나는 양의 문이라 요 10:7

보라 여기에 그 새롭고 살아 있는 길이 있다.

> 내가 곧 길이요 요 14:6

이제 우리는 모든 불순종이 그리스도를 바로 알지 못한 데서 비롯되었다는 것을 알게 되었다. 또 순종은 오직 주님과 끊임없이 교제하는 생활 속에서만 가능하다는 것도 알게 되었다. 주님의 목소리의 감동하심과 그 눈의 빛과 그 손의 붙들어 주심이 이 순종을 가능케 하며 확실케 한다.

오라! 그래서 이러한 그리스도 앞에 엎드리며 우리 자신을 복종시키자. 또 그가 우리로 그의 모든 것과 그가 가진 모든 것에 참여하게 해 주신다는 것을 믿는 가운데서 그에게 죽기까지 순종하자.

제6장 믿음의 순종

믿음으로 아브라함은…순종하여 히 11:8

> 믿음으로 아브라함은 부르심을 받았을 때에
> 순종하여 장래의 유업으로 받을 땅에 나아갈새
> 갈 바를 알지 못하고 나아갔으며 히 11:8

아브라함은 하나님께서 말씀하신 가나안 땅이 있음을 믿었다. 그는 그것을 상속받은 약속의 땅으로 믿었다. 그는 하나님께서 그곳으로 데려다주시고 보여주시며 허락하실 것을 믿었다. 이러한 믿음 가운데서 그는 담대히 나아가되 "갈 바를 알지 못하고" 나갔던 것이다. 그는 믿음의 복된 무지 가운데서 하나님을 신뢰했고 순종했으며 상속을 받았다.

우리 앞에 놓여 있는 약속의 땅은 복된 순종의 삶이다. 우리는 나아가서 그곳에 거하라는 하나님의 부르심을 들었다. 이 부르심에는 오류가 있을 수 없다. 우리는 그곳으로 인도해 주시고 그 땅의 소유를 허락하실 것이라는 그리스도의 약속을 들었다. 이 약속도 역시 분명하고 확실한 것이다. 우리는 우리 자신을 주님께 완전히 내어맡겼고 또 하나님 아버지께 이 모든 것이 우리 속에서 진실이 되게 해 달라고 구했다.

이제 우리의 소원은 이 가운데서 우리의 삶과 일이 하나의 거룩하고 유쾌한 순종의 수준에까지 도달하는 것이다. 또한 하나님께서 우리를 통하여 이 순종을 우리가 다른 사람들 가운데서 증진시켜야 할 그리스도인의 삶의 기본 방침이 되게 해주시는 것이다.

우리의 목표는 높은 데 있다. 우리가 그곳에 도달하기 위해서는 위로부터 오는 능력이 우리 속에 들어와야만 한다. 우리는 오직 믿음(이미 그리스도 안에서 확보된 천국에 대해 꿈을 가지게 하고 그 능력을 소유하게 하는 믿음)을 통해서만 순종할 수 있으며 그 약속을 얻을 수가 있는 것이다.

우리는 이상에서 우리의 삶의 목적이 오직 하나님을 기쁘시게 하며 그의 뜻을 받들어 섬기는 것임을 생각해 보았다. 이러한 확신은 우리 자신뿐만 아니라 다른 사람들 속에서도 증진되어야 한다. 그러나 어떤 사람은 이에 대해 말하기를 "이러한 삶은 우리가 들어가도록 부르심을 받은 축복과 약속의 땅이 아니라 다만 무거운 짐과 고생과 실패의 삶일 뿐이다"라고 할지도 모른다.

형제들이여, 그렇게 말하지 말라. 하나님께서는 참으로 여러분을 약속의 땅으로 부르신다. 그가 여러분 속에서 무엇을 이루실 수 있는지를 와서 경험해 보라. 그리스도처럼 죽기까지 복종하는 것이 얼마나 고결한지를 와서 경험해 보라.

그리스도와 함께 자기 자신을 거룩한 하나님의 뜻에 내어맡긴 사람에게 하나님께서 어떠한 축복을 내려주시는지를 와서 경험해 보라. 그 좋은 땅(전심으로 순종하는 곳)의 영광스러움을 믿으라. 여러분을 그곳으로 인도해 주실 그리스도와 그곳에 계속 머무시며 역사하실 성령 안에서 당신을 부르시는 그 하나님을 믿으라. 믿는 자가 천국에 들어간다.

그러면 믿음의 순종과 모든 순종을 가능하게 하는 충분한 능력으로서의 믿음에 대해 생각해 보자. 다음에 열거한 다섯 가지의 간단한 표현들은 그 좋은 땅에서 순종의 생활을 시작하는 믿는 마음의 특징을 나타내는 것이다.

첫째, 믿음은 그 땅을 바라보는 것이다.
둘째, 믿음은 그 땅을 원하는 것이다.
셋째, 믿음은 그 땅을 기대하는 것이다.
넷째, 믿음은 그 땅을 받아들이는 것이다.
다섯째, 믿음은 그 땅을 얻기 위해 그리스도를 의존하는 것이다.

1. 믿음은 그 땅을 바라보는 것이다

우리는 이제까지 여러분에게 그 땅의 지도를 보여주려고 애써 왔다. 또 그 땅의 가장 중요한 위치, 즉 하나님께서 영혼을 만나시며 축복해 주시는 그 지점을 지적해 주려고 애써 왔다. 이제 우리에게 필요한 것은 이 문제를 믿음 가운데서 조용하게 그리고 명백하게 해결하는 것이다. 정말 순종의 생활을 계속할 수 있는 약속의 땅은 있는 것일까?

이러한 문제의식만 가질 수 있다면 틀림없이 진보하여 그 땅을 소유하게 될 것이다. 그러면 아브라함의 믿음을 생각해 보자. 그의 믿음은 하나님을 의지하는 믿음이었으며 하나님의 전능하심과 신실하심에 신뢰를 둔 믿음이었다. 우리는 여러분 앞에 하나님의 약속들을 제시해 왔다.

그런데 여기에 또 다른 약속이 있다.

> 또 새 영을 너희 속에 두고 새 마음을 너희에게 주되…
> 또 내 영을 너희 속에 두어
> 너희로 내 율례를 행하게 하리니
> 너희가 내 규례를 지켜 행할지라 겔 36:26~27

이 약속에 덧붙여 하나님께서는 "나 여호와가 말하였으니 이루리라" 겔 36:36 고 하셨다. 그는 당신에게 순종하게 하실 것과 순종할 수 있게 하실 것을 보장하시는 것이다. 그는 예수 그리스도와 성령 안에서 그의 약속을 성취하기 위한 가장 놀라운 섭리를 작정하셨다.

아브라함이 했던 것과 똑같이 행동하라. 여러분의 마음을 하나님께 고정시켜라.

> 믿음이 없어 하나님의 약속을 의심하지 않고
> 믿음으로 견고하여져서 하나님께 영광을 돌리며
> 약속하신 그것을 또한 능히 이루실 줄을
> 확신하였으니 롬 4:20~21

하나님의 전능하심은 아브라함의 버팀줄이었다. 이 버팀줄은 바로 여러분의 버팀줄인 것이다.

하나님의 말씀이 깨끗한 마음과 거룩한 가운데서의 흠이 없는 마음과 의롭고 거룩한 삶과 주의 모든 계명들 가운데서 그를 기쁘시게 하며 살아가는 것과 우리 속에 소원을 두고 행하게 하시는 하나님의 역사하심과 우리 속에서 그의 보시기에 기뻐하시는 것을 행하게 하시는 것 등에 관하여 언급하고 있는 모든 것들을 바로 하나님께서 말씀하신다는 믿음 가운데서 바라보라.

또한 그의 능력이 이것들을 능히 이루실 수 있다는 믿음 가운데서 바라보라. 온전히 순종할 수 있다는 확신이 여러분을 사로잡게 하라. 믿음은 보이지 않는 것들과 불가능한 것을 볼 수 있는 힘이 있다. 여러분의 마음이 "그것은 사실이다. 틀림없는 사실이다. 내가 여태까지 알지 못했던 약속된 삶이 정말 있다"라고 말할 수 있을 때까지 그 환상을 주시하라.

2. 믿음은 그 땅을 원하는 것이다

나는 복음서를 읽고서 병든 자들과 눈먼 자들과 궁핍한 자들이 그리스도의 말씀을 믿을 수 있는 준비가 너무도 잘 되어 있었다는 것을 알게 되었다.

무엇이 그들로 하여금 우리들보다 더 나은 믿음을 갖게 했을까?

내가 하나님의 말씀 속에서 얻은 해답은 이것이었다. 정직함과 소원의 농도에 차이가 있다는 것이다. 그들은 온 마음을 다하여 구원받기를 소원했다. 그들은 주님의 축복을 바라도록 설득할 필요가 없을 정도로 간절히 소원했다.

우리의 태도와는 얼마나 대조적인가?

대부분의 사람들은 그들의 현재 처지보다 더 나아지기 위해 어느 정도만 바라고 있을 뿐이다. 참으로 의에 주리고 목마른 자들이 얼마나 적은가! 온전한 순종의 생활을 간절히 사모하는 자를 거의 찾아볼 수 없다. 또한 하나님을 기쁘시게 하고 있음을 계속 인식하게 되기를 간절히 구하는 자가 극히 드물다.

간절한 욕망이 없이는 강한 믿음도 있을 수 없다. 욕망은 우주에 있어서 가장 중요한 동기적인 힘이다. 하나님께서 그의 독생자를 보내신 것은 바로 우리를 구원코자 하는 그의 욕망 때문이었다. 사람으로 하여금 연구하게 하고 일하게 하고 고민하게 하는 것도 이 욕망이다. 죄인으로 하여금 그리스도께로 나아오게 하는 것도 오직 구원에 대한 욕망이다. 그의 기대하시는 바와 같은 사람이 되기를 사모하고 그의 뜻을 가능한 한 많이 알기를 바라는 것도, 그 약속된 땅에 우리의 마음이 끌리게 되는 것도 다 하나님을 향한 욕망 때문이다. 또한 그와 가장 가까운 교제를 나누고자 하는 욕망 때문인 것이다. 그리스도의 순종에 참여하기 위하여 우리로 모든 것을 버리게 하는 것도 결국은 이 욕망이다.

그러면 어떻게 해야 이 욕망을 불러일으킬 수가 있을까?

우리가 무엇보다 가장 중요한 것(하나님의 뜻에 연합하는 것과 그것을 행함으로써 그를 닮는 것)이 오히려 우리의 관심을 별로 끌지 못하고 있음에 대해 질문을 해야 한다는 것은 부끄러운 일이다. 우리는 이것을 바로 자신의 눈멂과 우둔함의 증거로 생각해야 한다. 하나님께서 성령을 통해 우리의 마음의 눈을 밝혀 주셔서 우리로 참된 순종의 삶을 기다리는 가운데 "그 기업의 영광의 풍성함" 엡 1:18 을 보게 하시며 알게 해주시기를 간구하자.

이제는 돌이켜 바라보자. 하나님의 성령이 비추는 빛 안에서 다시 한번 가능한 가장 확실하게, 하나님이 보증하시고 하나님이 복을 주신 삶을 다시 바라보자. 우리의 믿음이 다음과 같은 바람으로 불타오르기까지 바라보자.

> 나는 그것을 소유하기를 사모한다.
> 나의 온 마음을 다하여 그것을 찾고야 말겠다.

3. 믿음은 그 땅을 기대하는 것이다

욕망과 기대 사이에는 큰 차이가 있다. 참으로 온전한 생활을 하고자 하는 생각이 별로 없었던 사람에게도 구원받은 후에 강한 욕망이 일어날 때가 종종 있다. 이것은 욕망이 기대로 변해갈 때의 중요한 발전단계이다. 이때 그 사람은 영적인 축복에 대해 다음과 같이 생각하기 시작한다.

> 나는 그것이 나를 위해 있는 것임을 확신한다. 그리고 비록 어떻게 해야 할지는 잘 모르지만 그것을 확실히 얻게 될 줄로 믿는다.

순종의 생활이란 하나님께서 우리로 단지 그것에 가까이 나아가게만 하실 뿐인 어떤 막연한 개념이 아니다. 그것은 육을 입고 생활하는 이 땅에서도 실천할 수 있는 생활이다. 그것을 분명히 자신을 위해 마련된 것으로 기대하자. 하나님께서 그것을 실제적인 사실이 되게 하실 것을 기대하자.

그러나 이러한 기대를 방해하는 요소들이 몇 가지 있다. 여러분의 지난 날의 실패, 나쁜 기질과 좋지 않은 환경, 연약한 믿음, 헌신(죽기까지 순종하는 것)이 요구하는 것의 어려움 그리고 이것을 감당할 능력이 부족하다고 느끼는 것 등이 바로 그 요소들이다. 이러한 요소들은 여러분으로 하여금 다음과 같이 생각하게 한다.

> 그러한 생활은 다른 사람들을 위한 것이지 내게 해당되는 생활은 아니다. 나는 그러한 생활이 두렵다.

제발 그렇게 생각하지 않기를 바란다. 그렇게 생각한다면 여러분은 지금 하나님을 계산에서 빼놓고 있는 것이다. 오직 온전한 순종의 생활을 기대하자. 하나님의 능력과 하나님의 사랑을 바라보자. 그리고 "그것은 바로 나를 위한 것이다"라고 말하기를 시작하자.

게르하르트 테르스테겐이란 사람은 젊었을 때부터 주님을 섬기려고 노력했다. 그러나 그는 하나님의 은혜에 대한 느낌이 사라진 뒤로 5년이란 긴 세월을 마치 해도 볼 수 없고 달도 볼 수 없는 망망대해에 홀로 떨어져 있는 사람처럼 생활하게 되었다. 그래도 그는 말하기를 "나의 소망은 여전히 예수 안에 있다"고 했다. 그러던 어느 날 그에게 결코 사라지지 않는 한 줄기의 빛이 나타났다. 그는 너무나 감격하여 다음과 같은 혈서를 주님께 쓰게 되었다.

> 주님, 이날 저녁부터 영원히 내 뜻대로가 아니라 오직 당신의 뜻대로만 되게 하소서. 내 속에서 명하시고 통치하시고 다스리시옵소서. 나 자신을 남김없이 모두 바치나이다. 그리고 고의로 당신께 불순종하거나 진실하지 않는 것보다는 차라리 당신의 도우심과 능력 가운데서 나의 최후의 피 한 방울까지도 다 바칠 것을 약속합니다.

이러한 약속은 그가 죽기까지 순종하겠다는 뜻이다. 여러분도 이러한 순종에 마음을 기울이라. 그리고 그것을 기대하라. 동일하신 하나님은 지금도 살아계신다. 여러분의 희망을 그에게 두라. 그가 그러한 순종을 이루실 것이다.

4. 믿음은 그 땅을 받아들이는 것이다

받아들인다는 것은 기대하는 것 이상을 말한다. 많은

사람들이 기다리고 바라면서도 여전히 소유하지 못하고 있는 것은 받아들이지 않기 때문이다. 받아들이지 않고 있으면서도 마치 받아들일 준비가 안 된 것처럼 생각하는 사람이 있다면 먼저 기대하라.

이 기대가 진심에서 우러나는 것이라면, 그리고 참으로 하나님 자신에 근거를 둔 것이라면, 이것은 받아들이도록 인도해 줄 것이다. 또한 기대한다고 말할 수 있다면 받아들이라. 믿음은 "나는 받아들인다. 나는 가진다. 나는 소유한다"라고 말할 수 있는 하나님께서 주신 놀라운 능력을 지니고 있다.

그렇게도 많은 기도들이 아무런 열매를 맺지 못하는 것은 무엇 때문인가?

그 이유는 우리가 소원하는 영적 축복들을 이상과 같이 주장하고 소유할 수 있는 명확한 믿음이 부족하기 때문이다. 그런 식의 온전하지 못한 믿음은 전혀 준비가 되어 있지 않은 것과 같다. 불순종의 죄에 대한 자각과 참된 슬픔이 없다면 그러한 축복을 받아들일 영적 능력이 있을 수 없다. 모든 일에 있어서 참으로 하나님께 순종하고자 하는 강한 열망이나 목적이 없다면 그러한 축복을 받아들일 영적 능력도 있을 수 없는 것이다.

하나님께서 "모든 선한 일에 너희를(우리를) 온전하게 하사 자기 뜻을 행하게 하시고 그 앞에 즐거운 것을… 우리 가운데서 이루시기를"히 13:21 원하신다는 이 성경

말씀에 깊은 관심을 가지지 않는다면 그러한 축복을 받아들일 영적 능력은 있을 수 없다. 이런 신자가 있다면 그는 어린아이의 상태로만 만족하는 사람이다. 그는 위로의 젖만을 먹으려고 하는 사람이다. 그래서 예수님께서 잡수셨던 단단한 음식(아버지의 뜻을 행하는 것)은 감당하지 못하는 것이다.

그러나 나는 모든 그리스도인들이 이 놀라운 순종의 새 생활을 위한 은혜를 받아들이기를 간절히 부탁한다. 지금 받아들이라. 이 은혜가 없이는 여러분의 헌신이 보잘것없는 것이 되고 만다. 이 은혜가 없이는 더욱 순종하려는 여러분의 목적도 실패로 돌아가고 말 것이다.

하나님께서 여러분에게 여러분이 취해야 할 새로운 태도(하나님께서 성령을 통해 들려주시는 모든 명령들을 어린아이처럼 단순하게 순종하는 태도와 이 명령들을 감당할 수 있게 하시기 위해 주시는 모든 은혜를 어린아이처럼 의지하는 태도)를 보여주시지 않았던가?

나는 여러분이 지금이라도 그러한 태도를 취하며 그렇게 복종하기를 바란다. 또 그러한 은혜를 받아들이기를 간절히 바란다. 참된 믿음의 삶을 받아들이라. 끊임없는 믿음의 순종을 받아들이라. 그리고 그러한 삶을 시작하라. 여러분의 믿음이 하나님의 약속과 능력만큼이나 무한하고 확실하기를 바란다. 그러면 여러분의 어린아이와 같은 순종도 그 믿음만큼이나 무한한 것이 될 것이다. 하나님의 도우심을 구하라. 그리고 그가 여러분에게 주시는 모든 것을 받아들이라.

5. 믿음은 그 땅을 얻기 위해 그리스도를 의존하는 것이다

> 하나님의 약속은 얼마든지 그리스도 안에서 예가 되니
> 그런즉 그로 말미암아 우리가 아멘 하여
> 하나님께 영광을 돌리게 되느니라 고후 1:20

여러분은 순종의 삶에 대해 즉시 답변할 수 없는 어떤 의문을 느꼈을 것이다. 여러분은 마치 그것을 받아들일 수 없는 것처럼 느꼈을 것이다. 혹은 여러분의 과거의 사고방식과 말과 행동에 도무지 어울리지 않는 것처럼 (조화시킬 수 없는 것처럼) 느꼈을 것이다. 또 여러분은 모든 것을 지배하는 이 최상의 원리(모든 것을 하나님의 뜻대로 하며 모든 것을 그에게 순종하는 가운데서 행하는 것)에다 모든 것을 즉시 복종시킬 수 없음을 두렵게 생각하고 있을 것이다.

이러한 의문들에 대한 해답, 즉 모든 두려움으로부터 헤어날 수 있는 방법이 여기에 있다. 모든 것을 다 알고 계시는 살아계신 그리스도가 그 해답이다. 그는 여러분이 항상 믿음의 순종 가운데서 살아갈 수 있는 힘

과 지혜를 얻도록 여러분 자신을 그에게 의뢰하기를 요구하고 계신다.

우리는 그의 모든 구속사역이 오직 순종 외에는 아무 것도 아니었음을 몇 번이나 생각해 보았다. 그가 오늘날 나누어 주시는 것도 바로 이러한 순종이다. 그는 우리에게 생명의 영이라 할 수 있는 순종의 영을 주신다. 이 영은 매 순간마다 그를 통해 우리에게 주어진다. 주님 자신께서 우리의 순종을 책임지신다. 그가 가지고 계신 것 외에는 아무것도 아니다. 그가 주시는 것과 그가 행하시는 것 외에는 하늘 아래 아무것도 없다.

주님은 우리에게 계속적인 순종의 보증으로 자신을 주신다. 그는 우리가 지속적인 순종을 위해 그를 의지하기를 바라신다. 우리의 두려움이 제거되고 우리의 모든 필요가 충족되는 것은 오직 예수님 안에서이다. 그리고 우리의 모든 욕구가 해결되는 것도 바로 예수님 안에서이다. 의로우신 주님이 바로 여러분의 의가 되는 것처럼 순종하신 주님은 또한 여러분의 순종이 되시는 것이다.

여러분은 순종을 위하여 그를 의뢰하지 않겠는가?

믿음이 무엇을 보든지, 무엇을 원하든지, 무엇을 기대하든지 또 무엇을 받아들이든지 간에 그것은 주시며 행하실 그리스도를 의뢰하는 것이어야 한다. 여러분을 약속의 땅으로 인도해 주실 그리스도를 의지함으로써 이제 하나님과 그 아들에게 영광을 돌릴 수 있는 오늘의 이 기회를 붙잡기 바란다.

하늘에 계신 여러분의 주님을 바라보라. 그리고 그의 능력 안에서 충성의 서약을 하라. 즉 고의로 또는 알면서 그에게 죄를 짓는 일은 결코 하지 않겠다는 서약을 새롭게 하라. 그러한 서약을 할 수 있는 믿음을 얻기 위해 그를 의뢰하라. 그 서약을 지킬 수 있는 마음을 얻기 위해 그를 의뢰하라. 그 서약을 실천에 옮길 수 있는 능력을 얻기 위해 그를 의뢰하라. 그의 살아 있는 임재하심으로 말미암아 믿음과 순종을 획득할 수 있게 되도록 그를 의뢰하라.

주님께서 우리로 하나님의 영광에 얼마든지 예가 되고 아멘이 되도록 책임져 주실 것이라는 확신 가운데서 담대히 그를 의뢰하며 헌신에 참여하라.

제7장 순종의 학교

남은 조각을 거두고 버리는 것이 없게 하라 요 6:12

본장에서는 순종의 학교에 입학한 사람에게 도움이 되기를 바라는 마음에서 여태까지 다루지 않았거나 충분히 나타내지 않았던 문제들을 몇 가지 모아서 설명해 보고자 한다.

1. 순종을 배우는 것

무엇보다 "순종을 배우는 것"이란 표현에 대해 오해하지 않기를 바란다. 우리가 이 순종의 학교에서 배울 때에 하나의 원리로서의 절대적인 순종(죽기까지 복종하는 것)을 점차적으로 배워나가는 것으로 생각하기가 쉽다. 그러나 이것은 중대하고도 가장 해로운 실수이다. 물론 우리가 배워야 하는 것은 더 어렵고 새로운 계명들에 대한 순종이다. 그러나 원리에 있어서 주님은 그의 순종의 학교에 입학하는 순간부터 온전한 순종의 서약을 요구하신다.

다섯 살의 어린아이도 열여덟 살의 소년만큼 절대적으로 복종할 수 있다. 그 순종에 차이가 있다면 원리적인 것이 아니라 명령받은 그 일의 성질의 차이가 있을 뿐이다.

죽기까지 순종하신 그리스도의 순종이 외적으로는 그 생애의 마지막에 있었던 일이지만 순종의 정신은 처음부터 똑같았다. 전심으로 순종하는 것은 순종의 학교의 끝이 아니라 시작이다. 하나님의 일에 있어서 끝이란 우리가 이미 순종함으로써 자신을 하나님의 처분에 완전히 내어맡겼을 때에야 비로소 오는 것이다. 남김없이 순종하는 가운데 하나님께 굴복한 마음은 (그리스도의 학교에서) 진보의 한 상태요 또한 (지식에 있어서) 성장의 한 상태인 것이다.

형제들이여, 지금 이 일을 결심하라. '모든 것에는 모든 것으로'라는 하나님의 법칙을 기억하라. 그에게 모든 것을 드리라. 그러면 하나님께서도 여러분에게 모든 것을 주실 것이다. 헌신이 곧 하나님의 뜻만을 행하기 위해 여러분 자신을 산 제물로 바치는 것을 의미하는 것이 아니라면 그것은 아무 유익이 없다. 완전한 순종에 대한 서약은 순종의 학교에 등록하기를 원하는 사람들이 내야 할 입학금이다.

2. 하나님의 뜻 알기를 배우는 것

남김없이 완전히 순종하는 것은 그리스도의 학교(순종의 학교)에 들어가기 위한 첫째 조건이다. 또한 이것은 우리들에 대한 하나님의 뜻을 배울 수 있는 유일한 조건이기도 하다. 우리는 성경을 읽을 때 모든 그리스도인들에 대한 하나님의 일반적인 뜻을 어느 정도 배울 수 있다.

그러나 성경 가운데는 오직 성령만이 가르쳐 주실 수 있는 특별한 뜻, 즉 어느 특정한 사람에게만 적용되는 뜻(우리 각자에게 개인적으로 적용되는 하나님의 뜻)도 있다. 바로 여기에 하나님의 뜻을 알게 해 달라는 많은 기도들이 응답받지 못하는 원인이 있는 것이다. 주님은 말씀하시기를 "사람이 하나님의 뜻을 행하려 하면 이 교훈이 하나님께로서 왔는지… 알리라"요 7:17 고 하셨다. 만일 어떤 이의 뜻이 참으로 하나님의 뜻을 행하는 데 그 근거를 둔 것이라면, 즉 하나님의 뜻을 행할 마음의 준비가 되어 있고 또 그 뜻을 아는 데까지 실천한다면 그는 하나님께서 가르쳐 주시고자 하는 뜻을 더욱 풍성히 알게 될 것이다.

행함은 참된 앎의 유일한 조건이다. 이것은 학문을 연구하는 학자에게나 기술을 연마하는 견습공에게나 또 사업을 하는 사업가에게도 마찬가지로 적용된다. 그러므로 우리가 하나님의 뜻을 아는 데까지 그대로 실천하는 순종과 또한 그가 보여주시는 데까지 모든 것을 행하겠다는 의지와 서약은 하나님의 뜻이 무엇인지를 알게 해주는 영적 기관이요 능력인 것이다.

이와 관련하여 여러분에게 다음의 세 가지를 강조하고자 한다.

첫째, 여러분이 하나님의 뜻에 대해 너무도 알지 못하고 있다는 것과 어떻게 해서라도 그 뜻을 올바로 알아야 한다는 것을 깊이 느끼도록 힘쓰라. 무지에 대한 자각은 참된 배움의 기초가 된다.

> 온유한 자에게 그의 도를 가르치시리로다 시 25:9

여기서 온유한 자란 가르침을 받아야 할 필요가 있다고 겸손히 고백하는 사람을 말한다. 머리로만 아는 지식은 인간에게 힘없는 사상만을 줄 뿐이다. 그러나 하나님은 성령을 통하여 사랑의 마음을 갖게 하며 힘있게 역사하는 산 지식을 주시는 것이다.

둘째, 하나님이 여러분의 마음 은밀한 곳에서 여러분에게 지혜를 알게 하실 것이라는 강한 믿음을 더욱 새롭게 하라.

여러분은 이때까지 신앙생활을 해 오면서 이러한 사실을 별로 알지 못했을 것이다. 그래서 이러한 생각이 좀 이상하게 보일 것이다. 그러나 하나님은 우리가 생각하는 것보다 더 깊은 곳에서 생명과 빛을 주시며 역사하신다는 것을 배우라. 하나님의 뜻에 대한 불신은 즐겁게 순종하는 것을 불가능하게 만든다. 하나님은 여러분에게 여러분이 행하기를 원하시는 바를 기꺼이 알게 해주신다. 이 사실을 지극히 담대한 마음으로 믿으라. 이를 위해 하나님을 의지하라. 확신을 가지고 그것을 기대하라.

셋째, 육체와 육적인 마음의 속임에 대비하여 성령의 감찰하시고 확신케 하시는 빛을 비추어 주시기를 하나님께 간절히 구하라.

하나님께서는 다른 것을 원하시는데도 여러분은 여전히 그것이 옳다고 생각해 왔던 일들이 많이 있을 것이다. 여러분과 다른 사람들이 그렇게 생각한다고 해서 그것을 하나님의 뜻이라고 단정짓는 것은 여러분으로 하여금 다른 일에 있어서는 실제로 더 이상 하나님의 뜻을 알지 못하도록 가로막아 버릴 것이다.

그러므로 모든 것을 남김없이 다 말씀의 판단 아래 있게 하라. 모든 것을 성령에 의해 설명되고 적용되게 하라. 하나님께서 여러분에게, 여러분이 하는 모든 것이 그가 보시기에 기뻐해야 할 일임을 알게 해주시기를 기대하라.

3. 죽기까지의 순종

이 진리에 대해서 내가 이때까지 언급하지 않았던 더욱

깊고 영적인 양상이 또 하나 있다. 이 양상은 하나의 규칙으로서 신앙생활의 초기에는 두드러지게 나타나지 않는다. 그러나 모든 신자들은 그를 기다리는 특권이 과연 무엇인지를 알아야 할 필요가 있다. 그리고 전심으로 순종하는 사람에게는 하나의 경험이 주어지는데 그는 그러한 경험 가운데서 자신의 순종이 죽음으로까지 인도한다는 것(주님의 순종처럼)을 알게 될 것이다.

이것이 무엇을 의미하는지 한번 살펴보자. 주님의 공생애 동안 세상과 죄에 대한 그의 저항은 전체적이면서도 완벽하셨다. 그러나 세상과 죄의 시험으로부터 최종적으로 해방되는 것과 그 권세를 제압하는 것(그의 순종으로 말미암아 성취됨)은 그가 세상에 속한 삶과 죄에 대하여 죽으시기 전에는 결코 완성될 수 없었다.

그는 그러한 죽으심 가운데 완전한 무기력으로 자신의 생명을 아버지의 손에 맡겼으며 또한 다시 일으켜 주시기를 기대하셨다. 주님이 새로운 생명과 영광으로 충만케 되신 것은 이 죽음을 통해서였다. 죽음을 통해서만(자신의 생명을 포기함으로써만) 그의 순종이 그를 하나님의 영광으로 인도할 수가 있었다.

그리스도인은 죄에 대하여 죽는 이 죽음에 이미 그리스도와 함께 동참했다. 그리스도인은 회심할 때 성령으로 말미암아 그 죽으심 안에서 세례받은 것이다. 그럼에도 불구하고 그리스도인이 이상과 같은-, 죄에 대한 완전한 죽음을 경험적으로 알지 못하는 것은 무엇 때문인가?

그것은 바로 무지와 불신 때문이다.

그러나 성령께서 신자에게 그가 예수님 안에서 무엇을 소유하고 있는지를 나타내 주시고 또 그가 그것을 믿음으로 소유하게 될 때 성령은 죽음에서 그리스도를 살리셨던 것과 똑같은 능력으로 그의 속에서 역사하실 것이다.

그리스도의 죽으심은 자신의 삶을 완전히 중단하는 것이었으며 그의 영을 아버지의 손에 맡기는 것이었다. 이것은 "네 생명을 내 손에 내어맡기라"는 아버지의 명령을 완전히 성취하는 것이었다. 그는 무덤 속의 자기 망각에서 나와서 아버지의 영광으로 들어가셨다. 그리스도인들이 부르심을 받은 자리는 바로 이러한 교제의 자리이다.

그러나 우리가 남김없이 순종한다 할지라도 아직도 우리 속에는 자신과 자신의 뜻만을 추구하려는 숨은 요소가 남아 있음을 느낄 수가 있을 것이다. 하지만 우리가 이러한 요소에서 해방되기를 사모한다면, 또 이것이 죽음에 의해서만 제거될 수 있음을 성경에서 배우게 된다면, 성령께서는 우리가 그리스도 안에서 참으로 죄에 대하여 죽었다는 것을 공언하도록 우리를 도와주실 것이다.

또 주님의 죽으심의 능력이 우리 속에서 힘있게 역사할 수 있다는 것을 더욱 온전히 공언하도록 우리를 도와주실 것이다. 그래서 우리는 죽기까지의 순종, 즉 자신을 아무것도 아닌 것으로 여기는 자기 자신에 대한 완전한 죽음까지도 기꺼이 원할 수 있게 되는 것이다. 이러한 가운데서 우리는 그리스도의 생명에 온전히 들어갈 수 있게 될 것이다.

자신에 대하여 완전히 죽어야 할 필요가 있음을 아는 것과 이러한 죽음을 원하는 것과 자신을 완전히 비우도록 인도하심을 받는 것 등은 우리의 순종이 배워야 할 가장 높은 차원의 교훈이다. 이에 대하여는 여기서 더 이상 확대시킬 필요가 없다. 나는 하나님 자신이 적당한 때에 신실한 자들에게 가르쳐 주실 교훈에 대하여 이만큼 언급한 것으로도 충분한 줄로 생각한다.

4. 양심의 소리

하나님의 뜻을 아는 데 있어서 우리는 양심이 차지하는 위치를 알아야 하며 양심에 그 합당한 지위를 부여해야 하고 또 그 권위에 복종해야 한다.

우리가 무엇이 옳고 선한지를 판단하는 일에 있어서, 자연의 법을 통해 분별할 수 있는 일들이 많이 있다.

그런데 가장 열심있는 신자들 중에서도 어떤 사람은 이 법(자연의 법)에 순종할 필요가 없다고 생각한다. 그러나 생각해 보라.

만일 여러분이 적은 것에도 충실하지 않는다면 누가 더 큰 것으로 맡기겠는가?

하나님께서는 맡기지 않으실 것이다. 양심의 음성이 여러분에게 더 좋고 더 고상한 행동의 방향을 말해 주는데도 단지 자신에게 더 편안하고 만족스럽다고 해서 다른 방향의 행동을 택한다면 여러분은 자연을 통한 하나님의 음성에 불순종함으로 말미암아 성령의 가르침을 받을 자격을 잃게 될 것이다. 양심이 지시해 주는 바를 따라 가장 좋고 옳은 것을 행할 수 있는 의지는 곧 하나님의 뜻까지도 행할 수 있는 의지인 것이다.

바울은 기록하기를 "내가… 거짓말을 아니하노라… 내 양심이 성령 안에서 나로 더불어 증언하노니" 롬 9:1 라고 했다. 성령은 양심을 통해 말씀하신다. 여러분이 양심에 불순종하고 양심을 상하게 한다면 이것은 곧 하나님으로 하여금 여러분에게 말씀하실 수 없게 만드는 것이다.

하나님의 뜻에 대한 순종심은 양심의 소리에 대해서도 민감한 관심을 갖게 한다. 이것은 먹는 것과 마시는 것, 돈을 쓰는 것과 오락, 잠자는 것과 휴식하는 것 등에도 다 마찬가지로 적용된다. 모든 것을 하나님의 뜻에 복종시키자. 조지 뮐러는 말씀을 사랑하는 것과 더불어 이 일을 70년 동안의 행복으로 삼아왔다. 그는 모든 일에 선한 양심을 지켰고 하나님의 뜻에 어긋난다고 생각하는 것은 더 이상 계속하지 않았다. 양심은 하나님께서 여러분에게 어떤 일이 잘못되어 갈 때 경고를 주기 위해 주신, 안내자 혹은 충고자이다.

여러분에게 빛이 비추이는 만큼 양심에 귀를 기울이라. 또한 하나님께서 그의 뜻을 가르쳐 주심으로 말미암아 여러분의 양심에 더 많은 빛이 비취기를 구하라. 그리고 그 빛에 따라 행동하고 있다는 양심의 증거를 얻도록 노력하라.

양심은 여러분의 격려자와 조력자가 될 것이다. 또 양심은 여러분에게 여러분의 순종을 하나님이 받으신다는 확신을 줄 것이며, 하나님을 아는 지식이 점점 자라가기를 원하는 여러분의 기도를 하나님이 들으신다는 확신도 줄 것이다.

5. 율법적인 순종과 복음적인 순종

완전한 순종의 서약을 하고 난 다음에도 여전히 두 종류의 순종이 있을 수 있는데, 그것은 율법적인 순종과 복음적인 순종이다. 성경에 신약과 구약 두 종류가 있는 것같이 신앙생활에도 두 종류의 형태, 즉 하나님을 섬기는 두 종류의 방법이 있다. 이것은 바울이 말한 것과 같다.

그는 로마서에서 "죄가 너희를 주관하지 못하리니 이는 너희가 법 아래 있지 아니하고 은혜 아래 있음이라" 롬 6:14 라고 했다. 그는 또 더 나아가 우리가 "법에서 자유롭게" 롬 7:3 된다고 했으며 그래서 "이제는 우리가 얽매였던 것에 대하여 죽었으므로 율법에서 벗어났으니 이러므로 우리가 영의 새로운 것으로 섬길 것이요 율법 조문의 묵은 것으로 아니할지니라" 롬 7:6 고 했다. 그는 다시 말하기를 "너희는 다시 무서워하는 종의 영을 받지 아니하고 양자의 영을 받았으므로" 롬 8:15 라고 했다.

대조를 나타내는 이상의 세 구절들은 아직도 율법 아래 있는 것처럼 행동하는 신자들에게 의문의 낡은 것과 종의 영으로 섬길 위험이 있음을 분명히 지적하고 있다.

많은 그리스도인들이 아직도 연약한 생활을 하고 있는 근본적인 원인은 무엇인가?

그것은 그들의 생활이 은혜 아래 있지 않고 율법 아래 있기 때문이다. 이 둘이 무엇이 다른지 한번 살펴보자.

율법은 우리에게 무엇을 요구한다. 그러나 은혜는 우리를 위해 약속하고 실행한다. 율법은 우리가 할 수 있든지 없든지 간에 우리가 해야 하는 것을 다루며, 또한 두려움과 사랑의 동기에 호소함으로써 우리로 전력을 다하도록 분발시킨다. 그러나 율법은 실제적인 힘을 주지 못한다. 그래서 실패와 저주로 인도하고 마는 것이다. 반면에 은혜는 우리가 할 수 없는 것을 지적해 주며 우리 속에서 그것을 이루려고 시도한다.

율법은 돌이나 책에 기록한 명령과 함께 왔다. 그러나 은혜는 그의 임재하심과 능력을 베푸시는 살아계신 은혜의 인격자로부터 온다. 율법은 우리가 순종하면 생명을 얻을 것이라고 약속한다. 그러나 은혜는 우리가 순종할 수 있다는 확신과 함께 생명과 성령까지도 준다.

인간의 본성은 항상 은혜에서 나와 율법으로 빠져들어가는 경향이 있으며 은연중에 인간적인 노력을 의지하려는 경향이 있다. 은혜의 약속이 너무도 신령해서 그것을 믿는 사람들이 오히려 얼마 되지 않는다. 바로 이것이 많은 신자들이 담대히 순종의 서약을 하지 못하는 이유이며 또한 서약을 했어도 다시 율법으로 돌아가고 마는 이유이다. 나는 여러분이 복음적인 순종에 대해서 잘 연구해 보기를 간절히 바란다.

복음은 좋은 소식이다. 복음적인 순종이란 은혜가 성령을 통해 여러분 속에서 모든 것을 이룰 것이라는 좋은 소식의 일부이다. 이 사실을 믿으라. 그리고 순종하겠다는 모든 약속이 믿음에서 나오는 기쁜 희망 속에서의 약속이 되게 하며 성령의 힘 있는 내주하심 가운데서의 약속이 되게 하라. 또한 내주하심으로써 순종을 가능케 하시고 확실케 하시는 그리스도의 복된 사랑 가운데서의 약속이 되게 하라.

6. 사랑의 순종

이것은 복음적 순종의 특이하고도 가장 아름다운 모습들 중의 하나이다. 성령을 통해 모든 것을 이루시겠다고 약속해 주시는 이 은혜는 영원한 사랑의 선물이다. 우리의 순종을 책임져 주시며 이 순종을 가르쳐 주시며 그의 임재하심으로 그것을 보증해 주시는 주 예수 그리스도는 죽기까지 우리를 사랑하신 분이시다. 또 그는 지식을 초월한 사랑으로 우리를 사랑해 주시는 분이시다.

 사랑하는 마음 외에는 그 어떤 것도 사랑을 알 수 없으며 사랑을 받을 수도 없다. 우리로 순종할 수 있게 하는 것은 바로 이 사랑하는 마음이다. 순종은 하나님께서 우리에게 보여주신 거룩한 사랑에 대한 사랑의 응답이며 또한 하나님의 사랑을 더욱 충만하게 향유할 수 있는 유일한 비결이다.

 주님께서 그의 고별설교에서 이러한 사실을 얼마나 강조하셨던가! 그는 요한복음 14장에서 이 사실을 세 번이나 반복하신다.

너희가 나를 사랑하면 나의 계명을 지키리라 요14:15

나의 계명을 지키는 자라야 나를 사랑하는 자니 요14:21

사람이 나를 사랑하면 내 말을 지키리니 요14:23

오직 사랑하는 마음만이 주님이 원하시는 순종을 나타낼 수 있으며 사랑하는 마음만이 그가 순종에 주시는 축복을 받을 수 있다. 성령의 선물과 아버지의 사랑을 얻게 하는 것은 오직 사랑의 순종이다. 하나님 자신과 그의 나타내심을 얻게 되는 것도, 또 하나님의 사랑과 그의 내주하심으로 나아가게 되는 것도 다 사랑의 순종을 통해서이다.

주님께서는 다음 장(요 15장)에서 이상과 같은 사실을 다른 면에서 설명하시어 순종이 어떻게 하나님의 사랑을 향유하도록 인도해 주시는지 보여주신다. 순종은 먼저 사랑하시는 하나님의 사랑과 그 사랑에 보답하는 우리의 사랑을 연결시켜 줄 수 있는 유일한 사슬고리이며 또 우리의 사랑과 우리의 사랑에 응답하시는 그의 더욱 풍성한 사랑을 연결시켜 줄 수 있는 유일한 사슬고리이다.

> 하나님을 사랑하는 것은 이것이니
> 우리가 그의 계명들을 지키는 것이라 요일 5:3

의무감에 눌려 억지로 순종하는 율법적인 순종을 경계하라. 하나님께서 여러분에게 온전한 순종에 필요한 삶의 새로움을 보여주시기를 구하라. 신명기의 약속을 공언하라.

> 네 하나님 여호와께서
> 네 마음과 네 자손의 마음에 할례를 베푸사
> 너로 마음을 다하며 뜻을 다하여
> 네 하나님 여호와를 사랑하게 하사…
> 너는 돌아와 다시 여호와의 말씀을 청종하고
> 내가 오늘 네게 명령하는
> 그 모든 명령을 행할 것이라 신 30:6~9

하나님의 사랑과 우리 주 예수 그리스도의 은혜를 믿으라. 여러분 속에 주어진 성령께서 여러분으로 하여금 사랑하게 하며 하나님의 규례를 행하게 하실 수 있다는 것을 믿으라.

 이러한 믿음의 힘 가운데서 그리고 연약한 중에서도 완전케 되는 족한 은혜를 확신하는 가운데서 하나님의 사랑과 그 사랑이 역사하는 살아 있는 순종의 생활로 들어가라. 왜냐하면 여러분이 계속적으로 순종하게 할 수 있는 것은 주님의 계속적인 임재밖에 없기 때문이다.

7. 순종은 가능한가?

나는 이 문제를 다시 한번 강조하여 설명함으로써 끝을 맺고자 한다. 하나님을 항상 기쁘시게 하며 살아가는 것을 불가능한 일로 생각하는 것은 우리의 힘의 뿌리를 갉아먹는 생각이다. 나는 여러분이 이 문제에 대해 분명히 대답해 주기를 간절히 바란다.

만약 순종에 관한 하나님의 섭리(여러분 속에서 그의 모든 기쁨을 나타내시겠다는 약속과 여러분에게 그의 아들과 성령의 내주를 허락하시고 새 마음을 주시겠다는 약속)에 비추어 보아 여러분이 아직도 순종을 불가능한 것으로 생각하여 두려워하고 있다면, 하나님께서 여러분의 눈을 열어 그의 참된 뜻을 알게 해주시기를 구하라. 또 여러분이 이 진리를 확신하고 신학적으로 동의하면서도 여전히 자신을 순종의 생활에 바치기를 두려워하고 있다면, 역시 하나님께서 당신의 눈을 열어 그 뜻을 알게 해주시기를 구해야 할 것이다.

너무 많은 것을 포기해야 하는 데 대한 두려움이나 너무 완전히 하나님께 헌신하게 된다는 두려움이 여러분을 방해하지 않도록 조심하라. 하나님께 합당한 것으로 드리거나 행하지 않고 다만 양심을 편케 해주는 것만으로 만족하는 신앙생활을 경계하라. 그리고 무엇보다도 하나님을 제한하지 않도록 조심하며 그가 할 수 있다고 또 행하리라고 말씀하신 것을 믿지 않음으로 말미암아 그를 거짓말하는 자로 만들지 않도록 조심하라. 순종의 학교에서의 우리의 연구가 유익한 것이 되려면 다음의 사실이 마음판에 기록되기까지 결코 중단하지 말아야 한다.

> 하나님께서 내게 요구하시는 모든 것을 매일 순종하는 것은 가능한 일이다. 나는 매일의 순종을 위해 그의 능력 안에서 나 자신을 그에게 드린다.

그러나 한 가지 조건 위에서만 가능하다는 것을 명심하라. 여러분의 결심과 노력의 힘에 달려 있는 것이 아니라 그리스도의 끊임없는 임재하심과 성령의 계속적인 가르치심에 달려 있다. 여러분 속에 살아계신 순종의 주님이 여러분의 순종을 확보해 주실 것이다. 순종은 그의 교제하심 가운데 여러분에게 하나의 사랑과 기쁨의 삶이 될 것이다.

제8장 최후의 명령에 대한 순종

그러므로 너희는 가서 모든 민족을 제자로 삼아 마 28:19

너희는 온 천하에 다니며 만민에게 복음을 전파하라 막 16:15

아버지께서 나를 세상에 보내신 것 같이 나도 그들을 세상에 보내었고 요 17:18

오직 성령이 너희에게 임하시면 너희가 권능을 받고 예루살렘과 온 유대와 사마리아와 땅 끝까지 이르러 내 증인이 되리라 행 1:8

"모든 족속", "온 천하", "만민", "땅끝" 등과 같은 표현들은 전부 세계정복의 정신을 나타낸다. 이러한 표현들은 주님의 의도가 자신을 위해 대속하시고 승리하신 이 세상을 마땅히 자신이 지배해야 함을 주장하는 데 있었음을 가리켜 준다. 주님은 그의 제자들이 이 일을 책임지고 성취하기를 기대하신다. 주님은 보좌에 올라가 통치하시기 전 지금 그 보좌의 발치에 서서 제자들에게 말씀하시기를 "하늘과 땅의 모든 권세를 내게 주셨으니" 마 28:18 라고 하시는 것이다. 그리고 곧 이어 그는 자신과 제자들의 노력과 욕망의 대상인 "온 천하"와 "땅끝까지" 행 1:8 에 대해 설명하신다.

보좌에 앉으신 왕이신 주님 자신이 직접 그들의 조력자가 되어 주실 것이다.

내가 세상 끝날까지 너희와 항상 함께 있으리라 마 28:20

그들은 세상 끝까지 정복군의 선봉이 될 것이다. 주님 자신이 그 전쟁을 치루실 것이다. 그는 제자들에게 자신이 가지는 승리의 확신과 자신의 목적의식(살든지 죽든지 오직 세상을 그 지으신 하나님께로 회복시키는 것)을 불어넣어 주실 것이다.

그리스도께서는 지금 가르치거나 묻거나 변론하시는 것이 아니다. 그는 다만 명령하실 뿐이다. 그는 제자들을 잘 순종하도록 훈련시키셨다. 그는 제자들을, 순종할 수 있는 사랑 가운데서 따르게 하셨다. 그는 이미 그들 속에 자신의 부활의 성령을 불어넣어 주셨다. 그는 이제 그들을 믿을 수 있게 되었다. 그래서 "천하로 나아가라"고 담대히 말씀하시는 것이다.

제자들은 주님이 이 땅에 계시는 동안 그에게 그의 명령을 성취할 수 있는 가능성에 대해 여러 번 의심을 나타내었다. 그러나 여기서는 주님의 말씀을 조용하게 그리고 단순하게 받아들이고 있다. 그래서 그들은 주님이 승천하시자마자 약속된 장소로 가서 주님께로부터 오는 능력(모든 족속을 제자로 삼는 신령한 일을 감당하기 위한 능력)을 기다린 것이다.

그들은 주님의 명령을 받아들였고 또 그들을 통해 믿게 된 자들에게도 그 명령을 전해 주었다. 그래서 그 이름조차 알 수 없는 천한 사람들이 한 세대만에 안디옥과 로마와 그 외의 많은 지역에서 복음을 전파했다. 그 명령은 전세대를 통한 모든 제자들의 마음과 생활 속에 전해졌고 영향을 미쳤다. 그 명령은 우리들 한 사람 한 사람에게도 적용된다.

그리스도의 교회 안에서 아무도 이 말씀을 혼자만 독차지할 특권을 가진 사람은 없다. 또 아무도 혼자만 모든 족속에게 복음을 전할 의무를 가진 자도 없다. 그리스도께서 나누어 주시는 삶은 바로 그 자신의 삶이다.

그가 불어넣어 주시는 영은 바로 그 자신의 영이다. 그의 몸의 모든 지체들이 그와 온전한 교제를 나누는 가운데 그 받은 것을 나누어 주어야겠다고 느끼는 것은 바로 주님의 구원의 속성이다.

이 명령은 외부로부터의 독단적인 법이 아니다. 이 명령은 오로지 우리가 그의 몸이라는 놀라운 진리에 대한 우리의 이성적이고 자발적인 동의에 대한 계시이다. 즉 우리가 지금 이 땅에서 주님의 자리를 대신 차지하고 있다는 것과 주님 자신의 의지와 사랑이 우리를 통해서 그가 시작하신 일을 이루고 계시다는 것과 잃어버린 세상을 하나님께로 다시 회복시키는 가운데 우리가 주님 대신 아버지의 영광을 구하며 살아가고 있다는 진리에 대한 계시이다.

교회가 이 명령을 순종하는 데 실패했다는 것은 얼마나 두려운 일인지 모른다. 이러한 명령이 있다는 것조차 알지 못했던 신자가 얼마나 많은가! 많은 사람들이 이 명령을 듣기만 할 뿐 열심으로 순종하지는 않는다. 많은 사람들이 자기에게 유리하게 보이거나 편리해 보이는 방법과 수단을 통해서만 이 명령에 순종하려고 한다.

우리는 순종이 무엇인가를 배웠다. 우리는 온 마음을 다 바쳐 순종하기로 약속했다. 이제 우리는 모든 족속에게 복음을 전하라는 주님의 최후의 명령을 깨닫고 성취하는 데 도움이 되는 것이라면 기꺼이 그것에 귀를 기울일 준비가 되어 있다. 그러면 다음의 세 가지 사항에 대해서 말해보자.

첫째, 그의 명령을 받아들이라.
둘째, 자신을 그의 뜻에 완전히 맡기라.
셋째, 그의 나라를 위해 살기를 즉시 시작하라.

1. 그의 명령을 받아들이라

최후의 명령의 힘을 약화시키는 요소들이 몇 가지 있다. 모든 사람들에게 일반적으로 주신 명령은 개인적으로 주시는 명령이나 특정한 명령보다는 본질상 그 구속력이 적다는 생각, 다른 사람들이 그들의 역할을 다하지 않아도 우리에게는 별로 책임이 없다는 생각, 극심한 어려움이 있는 곳에서는 순종이 절대적인 명령이 될 수 없다는 생각, 그리고 우리가 기꺼이 최선을 다하려고만 하면 그것으로 우리가 해야 할 일은 다한 셈이라는 생각 등이다.

형제들이여, 이것은 순종이 아니다! 이러한 마음은 제자들이 처음 그 명령을 받아들일 때의 마음이 아니다. 이것은 사랑하는 주님과 함께 살고자 하는 마음이 아니다. 나는 그리스도의 몸의 한 지체이다. 주님은 모든 지체가 그의 뜻대로 되어지기를 기대하시며 성령에 의해 기운을 얻기를 기대하신다. 그리고 그 지체들이 주님의 행하시는 것을 위해 살기를 기대하신다. 이러한 진리는 내 몸에 있어서도 마찬가지다.

나는 나의 지체들이 각기 그 역할을 다할 줄로 믿는 가운데서 이 지체들을 지니고 다닌다. 주님은 내게서 아무것도 더 이상 요청하거나 기대할 것이 없을 정도로 나를 완전히 그의 몸에 속하게 하셨다. 그리고 나도 그의 뜻을 알고 행하는 것 외에는 아무것도 부족한 것이 없을 정도로 나 자신을 완전히 그에게 복종시킨 것이다.

포도나무와 가지의 실례를 들어보자. 가지가 존재하는 유일한 목적은 포도나무와 마찬가지로 열매를 맺는 것이다. 내가 참으로 가지라면 주께서 세상에 계실 때 행하셨던 것같이 나도 오로지 사람들을 구원하기 위해 살며 수고하며 열매를 맺어야 한다.

또 다른 실례를 하나 더 들어보자. 주님은 자신의 피로 나를 사셨다. 그래서 나의 영혼은 그리스도의 피로 구속받아 그에게 바쳐졌으며 그의 사랑으로 말미암아 완전히 그에게 매인 바 되었다.

이 세상에서 강제로 정복당했거나 돈에 팔린 어떤 종도 이러한 내 영혼의 주님이 기뻐하시는 것을 행하도록 그의 소유가 된 것만큼 완전하게 그 주인의 소유가 된 적은 없다. 주님은 성령을 통하여 무한한 능력 가운데서 역사하시는 것을 신적인 권리로 주장하신다. 그리고 나도 전적으로 그의 나라와 사업을 위해 살기로 동의했다. 이것은 나의 기쁨이요 나의 영광이다.

사람이 자기의 돈이나 봉사를 남에게 베푸는 데는 두 가지 방법이 있다.

옛날에 어느 종이 장사를 해서 많은 돈을 벌었다. 그는 그 돈을 전부 주인에게 갖다주었다. 그 주인은 친절한 사람이었으며 그 종에게 잘 대해 주는 사람이었다. 어느 날 그 주인은 종에게 많은 소득을 허락해 주었다. 세월이 지나는 동안 그 주인은 여차여차하다가 가난하게 되었다. 나중에는 어쩔 수 없이 이전에 자기의 종이었던 사람에게 도움을 청하러 가지 않으면 안 될 지경이 되었다. 그 종은 지난 날의 친절에 대한 보답으로 옛 주인에게 기꺼이 그리고 관대하게 도움을 베풀어 주었다.

여러분은 그가 종이었을 때 주인에게 봉사하며 남긴 소득을 전부 다 갖다주던 것과 자유인이 된 후 옛 주인을 도와주는 것 사이에는 현저한 차이가 있음을 알 수 있을 것이다. 전자의 경우 자신도 돈도 다 주인의 것이었기 때문에 그는 남긴 소득을 전부 다 갖다주었다. 그러나 후자의 경우에는 단지 그가 임의로 택한 것만을 주었을 뿐이다.

우리는 과연 어떤 태도로 주님께 드려야 할까?

많은 사람들이 자신이 택한 것, 즉 제공할 수 있다고 생각하는 것만을 임의로 관대하게 베푸는 것처럼 주님께 드리고 있다. 나는 이것이 두렵다. 피로 값주고 사신 그리스도의 권리를 깨달은(성령에 의해) 신자는 자신이 대속의 사랑에 종이 된 것을 기뻐한다. 또한 그가 주님께 속한 까닭에 자신이 가지고 있는 모든 것을 주님 발 앞에 두기를 즐거워한다.

여러분은 제자들이 그 중요한 최후의 명령을 그렇게도 쉽게 그리고 진심으로 받아들였다는 사실을 이상하게 생각해 본 적이 없는가?

그들은 주님의 피를 보았던 갈보리 언덕으로부터 막 돌아왔다. 그들은 부활하신 주님을 만났고 주님은 그들에게 성령을 불어넣어 주셨다. 그는 사십 일 동안 "그가 택하신 사도들에게 성령으로 명하셨다." 행 1:2 예수님은 그들의 구원자요, 주인이요, 친구요, 주님이셨다. 그의 말씀에는 신령한 힘이 있었고 그들은 순종할 수밖에 없었다.

우리도 제자들처럼 그의 발 앞에 엎드리자. 그리고 그의 힘 있는 주장을 나타내실 성령께 복종하자. 그리고 주저하지 말고 온 마음을 다하여 그 최후의 명령을 우리의 삶의 유일한 목표로 삼자.

2. 자신을 그의 뜻에 맡기라

최후의 명령은 흔히 외국선교에만 관계된 것으로 주장되어 왔다. 그래서 많은 사람들은 이 명령을 자신들에게만 적용되는 말씀으로 제한시키는 경향이 있다. 이것은 큰 잘못이다. "너희는 가서 모든 민족을 제자로 삼아… 내가 너희에게 분부한 모든 것을 가르쳐 지키게 하라"마 28:19~20는 주님의 말씀은 우리가 무엇을 목표로 삼아야 하는지를 잘 보여준다. 그 목표는 바로 모든 사람을, 그리스도의 모든 뜻에 순종하며 살아가는 참된 제자로 만드는 것이다.

오늘날 교회와 소위 기독교 공동체 안에서 이 명령이 성취되었다고 말할 수 있는 것 외에 또 달리 이루어져야 할 일이 무엇이 있겠는가!

모든 교회와 교회에 속한 모든 신자들은 이 최후의 명령을 수행하는 것이 곧 교회가 존재하는 유일한 목적임을 깨달아야 할 필요가 있다. 모든 족속에게 꾸준히 그리고 완전히 복음을 전하는 이것이 모든 구속받은 자의 사명과 열정이 되어야 한다. 왜냐하면 이것만이 여러분 속에 형성된 그리스도의 삶이며 형상이기 때문이다.

교회가 성령의 능력 가운데서 전파해야 할 한 가지 일이 있다면, 그것은 신자가 자신을 주인이신 주님께 완전히 드려야 하는 절대적인 의무이다. 즉 하나님의 자녀들이 스스로 적합하다거나 가능하다고 생각하는 만큼만 이 사명에 참여할 것이 아니라, 그리스도께서 원하시는 대로 마음껏 인도하시고 쓰실 수 있도록 자신을 주인이신 주님께 완전히 바쳐야 하는 의무인 것이다. 그러므로 나는 온전히 순종하기로 서약한 모든 독자들에게(우리가 이렇게 서약하지 않고서야 어찌 자신을 참된 그리스도인이라고 할 수 있겠는가?) 다음과 같이 말하고 싶다.

여러분 자신을 그리스도의 뜻에 즉시 그리고 전적으로 맡기라.

"너는 마음을 다하고 성품을 다하여 주 너의 하나님을 사랑하라"는 이 중요한 계명이 모든 하나님의 백성들에게 구속력을 미치는 것같이 "모든 족속에게 복음을 전하라"는 이 최후의 명령도 그와 같은 구속력을 가진다.

여러분이 만약 이 명령을 받아들인다면, 여러분이 무엇을 해야 할지를 알기 전에 또 어떤 특별한 욕망이나 소명이나 어떤 일에 대한 적합성을 생각하기 전에 먼저 여러분 자신을 주님의 뜻에 내어맡기라. 여러분을 훈련하며 자격을 주며 인도하며 사용하는 것은 완전히 주인이신 주님의 뜻에 달려 있다.

두려워 말라. 여러분 자신의 뜻과 처신을 먼저 생각

하거나, 적합해 보이는 것만을 드리는 자기 본위의 생활에서 영원히 빠져나오라. 주님으로 하여금 그가 여러분을 완전히 소유할 수 있다고 생각하시게 하라. 지금 즉시 여러분 자신이 그의 사업을 위한 자원봉사자로 등록하라.

하나님께서는 우리의 마음에 그가 학생 자원봉사 운동을 통해 이루신 것에 대한 기쁨과 감사로 가득 차게 해주셨다.

그러나 나는 최후의 명령이 완전히 성취되기 위해서는 아직도 필요한 일이 한 가지 남아 있다고 생각한다. 해외선교 자원봉사자들의 헌신뿐만 아니라 주님께서 피로 값주고 사신 모든 성도들의 헌신도 역시 뜨겁고 계속되어야 함을 그들에게 알게 해주는 국내 자원봉사자의 등록도 필요하지 않을까?

"하나님께서 허락하시면 해외 선교사가 되겠습니다"라는 이 단순한 말이 수많은 사람들에게 얼마나 놀라운 축복을 가져다주었던가!

이 말은 다른 사람들도 최후의 명령에 순종하게 되는 데 도움을 주었으며 그들의 역사에 하나의 획기적인 사건이 되었다. 마찬가지로 국내 자원봉사자들도 "나는 하나님의 은혜를 따라 그리스도의 나라를 위한 사역에 나 자신을 온전히 바칩니다"라고 서약할 수 있다면 이러한 결심이 외국에 나갈 수 없는 사람이나 또는 주님의 뜻을 구하지 않았기 때문에 외국으로 나갈 수 없다고 생각하는 많은 사람들에게 얼마나 놀라운 축복을 끼치게 되겠는가!

집을 떠나 외국으로 가는 것이 해외선교 자원봉사자에게 종종 큰 도움이 되는데, 그들은 투쟁의 과정을 통해 모든 방해거리를 떨쳐버리게 된다. 그러나 국내 자원봉사자는 자신이 받은 사명 안에 거해야 할 뿐, 집을 떠날 필요는 없다. 그에게는 자신의 은밀한 서약(또는 다른 사람들과 함께 드린 서약)이 가져다줄 수 있는 어떤 도움이 오히려 더 절실하게 필요하다. 복된 성령은 그 서약으로 하여금 하나님께 완전히 전념하는 생활로 인도하는 하나의 새로운 전기가 되게 하실 것이다.

순종을 배우는 자여, 이 최후의 명령을 잘 배우라. 온 마음을 다하여 이 명령을 받아들이라. 여러분 자신을 전적으로 그의 뜻에 맡기라.

3. 그의 나라를 위해 살기를 즉시 시작하라

여러분이 어떤 환경에 처해 있다 하더라도 여러분의 힘이 미칠 수 있는 범위 안에 하나님께로 돌아올 수 있는 영혼이 있다는 것은 여러분의 특권이다. 여러분의 주위에는 여러분의 도움을 필요로 하는 수많은 형태의 신앙

활동이 기다리고 있다. 여러분 자신을 그리스도의 사역을 위해 구속받은 자로 생각하라. 또 그리스도께서 가지셨던 그 뜻을 여러분도 가지게 하시는 성령의 복을 받은 자로 생각하라.

하나님께서 여러분을 이미 진행중인 어떤 일에 합류하도록 인도하시든지 아니면 더 독자적인 길을 가게 하시든지 간에 그 일을 여러분의 교회나 사회의 일 또는 여러분 자신의 일로 생각하지 말고 바로 주님의 일로 생각하라.

"이 일을 주님께 하고 있다"는 의식을 조심스럽게 간직하라. 그러면 여러분의 하는 일은 주님과의 교제를 방해하는 것이 되지 않고(흔히 그런 것처럼) 오히려 여러분을 그리스도와 그의 능력과 그의 인정하심에서 떨어지지 않도록 연결시켜 주는 것이 될 것이다. 우리는 우리의 일 가운데 있는 인간적인 관심에만 너무 몰두하는 나머지 그 일의 영적 특성과 그 일에 필요한 초자연적인 능력과 우리 속에서 또 우리를 통해서 역사하시는 하나님의 직접적인 역사하심에 대해서는 소홀하기가 쉽다.

여러분의 시선을 여러분의 주인에게, 여러분의 왕에게 계속 집중시키라. 또 그의 보좌에 계속 집중시키라. 주님은 제자들에게 최후의 명령을 주시기 전에 그리고 넓은 세상 밭을 가리키시기 전에 먼저 그들의 눈을 보좌에 앉으신 주님 자신에게로 돌리셨다.

> 예수께서 나아와 말씀하여 이르시되
> 하늘과 땅의 모든 권세를 내게 주셨으니 마 28:18

이것은 우리에게 그의 능력의 충분성을 보장해 줄 필요가 있었음을 생각나게 하는 보좌에 앉으신 그리스도의 환상이요 믿음이다. 하나의 명령에 순종하지 말고 살아계신 전능하신 영광의 주님께 순종하라. 주님 안에 있는 믿음은 여러분에게 하늘의 능력을 가져다 줄 것이다.

이 말씀은 최후의 명령 전에 하신 말씀이다. 그 명령 바로 다음에는 "볼지어다 내가 세상 끝날까지 너희와 항상 함께 있으리라"는 말씀이 나온다. 우리에게 필요한 것은 보좌에 앉으신 그리스도만이 아니라 이 땅에서 내주하심을 통해 우리와 함께 거하시고, 또한 우리를 위하여 그리고 우리를 통하여 직접 역사하시는 그런 주님인 것이다. 하늘에서의 그리스도의 능력과 땅에서의 그리스도의 임재하심, 바로 이 두 약속의 기둥 사이에 교회가 세상을 정복하러 나아가는 문이 있다.

우리 모두 대장 되신 주님을 따르자. 그리고 세상을 정복하는 일에 있어 우리의 할 일이 무엇인지를 그로부터 지시받자. 또한 전적으로 주님의 뜻과 그의 일만을 위해 살기로 작정한 순종의 서약 가운데서 결코 망설이거나 머뭇거리지 말자.

이러한 시작은 우리로 주님의 인도하심을 온전히 알고 따르도록 준비시키는 훈련과정이 될 것이다. 만약 주님께서 죽어가는 수많은 이교도들을 구원하시기 위해 우리를 부르신다면 우리는 기꺼이 갈 준비가 되어 있어야 할 것이다. 그러나 그의 섭리가 우리의 해외선교를 허락하지 않으신다면 국내에서 바치는 우리의 헌신도 외국으로 나간 것 못지않게 완전하고 뜨거운 헌신이 될 것이다. 해외 선교든지 국내에서의 헌신이든지 죽기까지 순종하는 순종의 종들로 가득 채워지기만 한다면 그의 영광스러운 계획(모든 족속에게 복음이 전파되는 것)은 성취될 것이다.

> 주 예수여, 영광을 받으소서! 내가 여기 있나이다. 당신의 은혜를 따라 최후의 명령을 성취하는 데 나의 모든 생명을 바치나이다. 나의 마음이 당신의 마음과 같이 되게 하소서. 나의 연약함이 당신의 강하심과 같이 되게 하옵소서. 주의 이름으로 온전하고 영원한 순종의 서약을 하나이다. 아멘.

부록1. 아침 경건의 시간의 중요성

다음의 글은 존 모트의 설교에서 인용한 것이다.

아침 경건의 시간을 실천한다는 것은 우리가 적어도 매일의 첫 반 시간을 경건하게 성경을 연구하며 기도하는 가운데 홀로 하나님과 함께 지내는 것을 의미합니다.
많은 그리스도인들은 이러한 영적 생활에 삼십 분을 꼬박 다 바칠 만한 시간이 없다고 말합니다. 그러나 전반적으로 볼 때에 아침 경건의 시간을 잘 실천하는 사람들이 오히려 더 바쁜 사람들이라는 것이 사실입니다.

만일 어떤 그리스도인이 이 계획을 한 달 또는 두 달 동안 계속 실천해 나간다면 그는 아침 경건의 시간이야말로 그가 활용할 수 있는 가장 좋은 시간이라는 것을 확신하게 될 것입니다. 또 이 아침 경건의 시간이 그의 정규적인 일을 방해하기보다는 오히려 가장 효과적으로 시간을 절약하게 해 준다는 것을 확신케 될 것입니다.

인도에서, 중국에서 그리고 일본에서 많은 학생들이 아침 경건의 시간을 실천하기로 약속했습니다.

우리 각자에게 있어서 실제적인 문제는 "내가 이러한 아침 경건의 시간을 왜 실천하지 않을 것인가?" 하는 것입니다. 우리가 그리스도를 영접하고 성령의 세례를 공언한 후에 아침 경건의 시간을 실천하기로 굳게 결심하는 것보다 더 우리 자신과 다른 사람들에게 유익이 되는 행위는 없을 것입니다.

언뜻 보기에는 끝부분에 있는 설명이 가장 강조되어 있는 것 같다. 이것이 무엇을 의미하는지 한번 생각해 보자. 이것은 그리스도와 성령께 대한 복종을 계속 유지하고 실천할 수 있는 방법은 매일 그날이 시작되는 첫 시간에 하나님을 만나 그로부터 거룩한 순종의 삶에 필요한 은혜를 받는 것임을 깊이 확신하고 있다는 의미이다.

이것은 하늘에 계신 하나님과의 친밀한 교제로 나아감이 없이 또 그로부터 영적 축복을 받지도 않은 채 천국생활을 영위하려는 어리석음을 통찰하고 있다는 의미이다. 이것은 우리가 그의 사랑에 보답하고 있음과 그의 가까우심을 우리의 최고의 기쁨으로 생각하고 있음은 오직 하나님과 개인적으로 교제하는 가운데서만 입증될 수 있다는 고백을 의미한다.

이것은 하나님께서 우리에게 손을 얹어 성령의 충만함을 새롭게 하실 충분한 시간만 주어진다면 우리는 그에게 밀접히 연합되어 어떤 시험과 일도 우리를 그리스도에게서 멀어지게 하지는 못할 것이라는 믿음을 의미한다. 그리고 이것은 오직 하나님만을 위해 살고자 하는 목적을 의미하며 또한 시간과 안일함과 희생함으로 말미암아 모든 것 중에서도 으뜸이 되는 이 축복(하나님이 온종일 함께 하심)을 얻기 위해서라면 어떠한 대가도 기꺼이 치를 수 있음을 입증하는 것을 의미한다.

다음 구절을 다시 한번 음미해 보자.

> 우리가 그리스도를 영접하고 성령의 세례를 공언한 후에 아침 경건의 시간을 실천하기로 굳게 결심하는 것보다 더 우리 자신과 다른 사람들에게 유익이 되는 행위는 없을 것입니다.

우리가 만일 전심으로 그리스도를 주와 주인으로 받아들인다면 그리고 우리의 기도가 참으로 진실한 것이라면 우리는 하나님의 영광을 위하여 살아가는 데 절대적으로 필요한 은혜를 얻기 위해 그에게 충분한 시간을 드리지 않을 수 없을 것이며 우리의 제일 좋은 시간을 바치지 않을 수 없을 것이다.

여러분은 10분이나 15분만으로도 만족하는 그리스도인들이 많다고 말할 수 있을 것이다. 물론 많다. 그러나 분명히 그들에게서 강한 그리스도인의 모습은 찾아볼 수 없을 것이다. 주님은 제자들에게 큰 희생을 요구하셨다. 그러나 여러분에게서 이제까지 조금밖에 요구하지 않으셨을지도 모른다. 하지만 이제는 주님께서 허락하시고 청하시며 여러분의 희생을 간절히 요구하신다.

희생은 사람을 강하게 한다. 희생은 놀랍게도 우리를 세상과 자기 만족에서 떼어내어 천국으로 들어올린다. 아침 경건의 시간을 반 시간 이하로 깎아내리지 말라. 시간을 낼 수 있는 가능성에 대해서는 문제가 있을 수 없다. 잠자는 시간에서 10분, 회사 일이나 오락시간에서 10분, 공부하는 시간에서 10분, 그것만 해도 30분이다. 마음가짐만 바르다면 또 하나님과 그의 뜻을 완전히 알기를 진정으로 갈망하기만 한다면 30분의 시간을 내는 것은 너무도 쉽다.

만약 여러분이 그렇게 많은 시간의 필요성을 느끼지 못하겠다면 또는 어떻게 기다려야 할지를 모르겠다면 여러분 나름대로의 기도시간이나 조용한 시간을 택해도 좋다. 멀지 않아 하나님께서 여러분을 은혜롭게 이끄셔서 아침 경건의 시간으로 인도해 주실 것이다.

여러분의 마음속에 희생을 드려야 되겠다는 결심이나 하나님과 친밀한 교제를 나누기 위해 충분한 시간을 가져야 되겠다는 결심이 없이는 이 일을 시작하지 말라. 그러나 그런 결심이 있다면 여러분도 이러한 생활에 참여하기를 촉구하는 바이다. 기도의 시간을 따로 마련한다는 사실 그 자체는 다음과 같은 생각을 불러일으키는 데 도움이 된다.

내게는 해야 할 중대한 일이 있다.

이 일을 위해서는 기도할 시간이 필요하다.

또 그것은 여러분에게 다음과 같은 확신을 굳세게 해 준다.

내가 온종일 죄없는 하루가 되도록 보호하심을 받으려면 하나님께 가까이 나아갈 수 있는 시간을 가져야만 한다.

여러분이 성경을 읽을 때 조용히 묵상할 수 있는 시간과 성령의 역사하심에 겸손히 굴복할 수 있는 시간을 가진다면 또 그 말씀을 통해 여러분에 대한 하나님의 뜻을 이해하기까지 기다릴 수 있는 시간을 가진다면 그것은 여러분의 성경연구에 새로운 의미를 부여할 것이다. 그리고 이것은 하나님의 은혜로 말미암아 오늘날의 교회가 절실히 필요로 하는 특유의 도고를 드리는 습관을 시작하도록 여러분을 도와줄 것이다.

형제들이여, 여러분은 앞으로 지금보다 더 바빠질지도 모르며 환경이 더 나빠질지도 모른다. 그리고 여러분의 열심이 지금보다 더 식어질지도 모른다. 지금이 바로 은혜받을 만한 때이다. 성령께서 말씀하시는 바와 같이 바로 오늘이다. 온 땅에 있는 형제들의 권유에 귀를 기울이라. 그리고 매일 아침마다 적어도 삼십 분 동안은 홀로 하나님과 함께 보내기로 결심하기를 두려워하지 말라.

부록2. 인간의 질문과 하나님의 답변

Q1. 내가 하나님께 모든 것을 아뢰어야 할 의무가 있는가?

    우리 각 사람이 자기 일을 하나님께 직고하리라 롬 14:12

Q2. 하나님께서는 내 모든 행동을 보셨을까?

    지으신 것이 하나도 그 앞에 나타나지 않음이 없고
    우리의 결산을 받으실 이의 눈 앞에
    만물이 벌거벗은 것 같이 드러나느니라 히 4:13

Q3. 그가 나를 정죄하시는가?

    성경이 모든 것을 죄 아래에 가두었으니 갈 3:22
    모든 사람이 죄를 범하였으매 롬 3:23

Q4. 그는 죄를 벌하시는가?

    범죄하는 그 영혼은 죽으리라 겔 18:4
    죄의 삯은 사망이요 롬 6:23

Q5. 나는 멸망당해야 하나?

주께서는… 아무도 멸망하지 않고 다 회개하기에
이르기를 원하시느니라 벧후 3:9

Q6. 어떻게 하면 멸망을 면할 수 있을까?

주 예수를 믿으라
그리하면 너와 네 집이 구원을 받으리라 행 16:31

Q7. 그는 나를 구원하실 수 있을까?

자기를 힘입어 하나님께 나아가는 자들을
온전히 구원하실 수 있으니 히 7:25

Q8. 그가 원하실까?

그리스도 예수께서 죄인을 구원하시려고
세상에 임하셨다 하였도다 딤전 1:15

Q9. 믿는다고 해서 구원받을 수 있을까?

아들을 믿는 자에게는 영생이 있고 요 3:36

Q10. 지금 구원받을 수 있을까?

보라 지금은 은혜 받을 만한 때요
보라 지금은 구원의 날이로다 고후 6:2

Q11. 나 같은 자도?

내게 오는 자는 내가 결코 내쫓지 아니하리라 요 6:37

Q12. 떨어져 나가지나 않을까?

능히 너희를 보호하사 거침이 없게 하시고
너희로 그 영광 앞에 흠이 없이
기쁨으로 서게 하실 이 유 24

Q13. 구원받았다면 어떻게 살아야 할까?

그가 모든 사람을 대신하여 죽으심은
살아 있는 자들로 하여금
다시는 그들 자신을 위하여 살지 않고
오직 그들을 대신하여 죽었다가
다시 살아나신 이를 위하여
살게 하려 함이라 고후 5:15

Q14. 죽은 후의 영원한 세계는 어떠한가?

> 내 아버지 집에 거할 곳이 많도다…
> 내가 너희를 위하여 거처를 예비하러 가노니
> 가서 너희를 위하여 거처를 예비하면
> 내가 다시 와서 너희를 내게로 영접하여
> 나 있는 곳에 너희도 있게 하리라 요 14:2, 3.

역자 후기

오늘날 많은 사람들의 양심이 부패해지고 진리의 말씀이 혼잡해지며 하나님의 교회에서 그 마땅한 영광이 나타나지 못하는 것은 다 우리의 불순종 때문이다. 우리가 하나님의 말씀에 순종하지 않는다면 아무리 주의 이름으로 많은 일을 한다 해도 다 허사가 되고 말 것이다.^{마 7:21~27} 그러므로 무엇보다 이 순종을 회복하는 것이 시급한 일인 줄 안다.

역자는 이 책을 처음 읽고서 참된 신앙의 본질이 무엇인지를 깨닫게 되었다. 그리고 이 책을 대할 때마다 순종하고자 하는 결심이 새로워지는 것을 체험했다. 독자들도 이 책을 통해 전심으로 순종하는 생활에 자신을 바치기로 결심하기 바란다.

하나님은 제사보다 순종을 원하실 정도로 우리의 순종을 간절히 기다리신다는 것을 잊지 말자. 그리고 그리스도의 십자가도, 성령의 강림하심도 우리의 순종을 온전히 이루기 위하심이었다는 것을 잊지 말자.